管 仲

打造春秋霸主的密钥

赵宁 著

辽宁人民出版社

© 赵宁 2021

图书在版编目（CIP）数据

管仲：打造春秋霸主的密钥 / 赵宁著 . — 沈阳：
辽宁人民出版社，2021.5
ISBN 978-7-205-10127-5

Ⅰ . ①管… Ⅱ . ①赵… Ⅲ . ①管仲（？ - 前 645）—人
物研究 Ⅳ . ① B226.15

中国版本图书馆 CIP 数据核字（2021）第 020317 号

出版发行：辽宁人民出版社
　　　　　地址：沈阳市和平区十一纬路 25 号　邮编：110003
　　　　　电话：024-23284321（邮　购）　024-23284324（发行部）
　　　　　传真：024-23284191（发行部）　024-23284304（办公室）
　　　　　http : //www.lnpph.com.cn
印　　刷：北京长宁印刷有限公司天津分公司
幅面尺寸：145mm×210mm
印　　张：7
字　　数：138 千字
出版时间：2021 年 5 月第 1 版
印刷时间：2021 年 5 月第 1 次印刷
责任编辑：赵维宁
助理编辑：段　琼
封面设计：乐　翁
版式设计：一诺设计
责任校对：吴艳杰
书　　号：ISBN 978-7-205-10127-5
定　　价：39.80 元

序 言

管仲是春秋时期的政治家，他有句名言："仓廪实而知礼节，衣食足而知荣辱。"这句话反映了物质生活与社会文明的关系，受到人们的肯定。

孔子对管仲的评价很高，他曾说："微管仲，吾其被发左衽矣。"意思是说，管仲辅助齐桓公做诸侯霸主，一匡天下；要是没有管仲，我们都会披散头发，左开衣襟，成为蛮人统治下的老百姓了。这话是有一定道理的。如果没有管仲提出的"尊王攘夷"主张，中原诸侯在当时真有可能败于夷狄，华夏文明也无法延续。

管仲，字夷吾，颍上（今安徽省颍上县）人，姬姓后裔。他祖上是贵族，后来家道中落，沦为平民。

管仲的青少年时代生活在社会下层，郁郁不得志。他曾经为"围人"，替人牧马，后来同好友鲍叔一同在南阳经商。管仲经常欺侮鲍叔，赚了钱，总是要多拿一些。鲍叔知道管仲家里很贫困，比他更需要钱来养家糊口，从不与他计较。做生意时，多由管仲来策划、筹算。但他们失败的时候多，赚钱的时候少，《说苑》说管仲"三辱于市",就是指此。而鲍叔并不认为管仲愚笨,把经商失败看成是"时有利时不利"的原因。后来管仲出去求仕,但都没有做多久就被辞退了。鲍叔也不认为是管仲无能,而认为是生不逢时。管仲还当过兵,但打仗时总是逃跑在先。鲍叔也不认为是管仲怯懦,而认为是由于他有老母在堂,要保全性命来奉养老母。总之,鲍叔认定管仲是个有大才能的贤人,对他的所作所为都非常支持。

这个故事既可以说明鲍叔崇拜管仲、信赖管仲,同时也说明,一个能成大事的人,可能也会有一些小缺点,这是白璧微瑕,不伤大体。

后来,管仲辅佐齐国公子纠,鲍叔辅佐其弟公子小白。

公元前686年,齐襄公逝世,他的堂弟公孙无知篡位,公子纠和小白出逃别国避难。公元前685年春,齐大夫雍廪杀了公孙无知,齐国国君位空缺,公子小白准备从莒国入齐国即位,而鲁国却支持其兄公子纠,管仲半路上暗中埋伏,射箭射中了小白的带钩,小白装死,骗过了管仲。最终小白率先进入齐国即位,成为齐桓公。鲍叔则向鲁庄公要求处决公子纠,并把管仲交给齐国。

在鲍叔的强烈推荐下,齐桓公不计前嫌,拜管仲为相,甚至尊其为"仲父"。管仲在齐国实行了一系列的改革,倡议"尊王攘夷",终于帮助齐桓公成就了霸业。

管仲的政治才能自不必说，他还是一位高超的经济学家。齐桓公问管仲富国之策，并建议对房屋楼台、树木、六畜、人口征税，管仲一一否定之后，郑重提出了自己的富国策——"唯官山海为可耳"。"官山海"就是把山川和海洋资源收归国有，意即盐铁专卖。管仲由此首次在中国历史上提出了盐铁专卖制度。

他还用优惠政策刺激商贸，通过鼓励奢侈消费拉动内需。他非常善于运用经济杠杆干预人们的生活，而不是用行政命令，这是非常高明的。

管仲任齐国相国时，居所富丽堂皇，极尽奢华。但司马迁著《管晏列传》时却说，尽管管仲比国君都富裕，生活标准也超过了他的行政级别，齐国人民却不认为管仲奢侈。他的真实主张是奢俭并重，即不一味强调节用，也明确提出"高消费"的主体是君主、统治阶级上层和巨商富贾。以现代观点看来，管仲所倡导的奢侈消费，只是让"富者散资于民"的一种手段，根本目的还是以消费促生产。由此可见他富有远见卓识。

管仲病危的时候，齐桓公到他的病榻前看望，问谁能做下任丞相时，提出要任鲍叔为相。而管仲却坚决反对，认为鲍叔虽是君子，为人近乎完美，但过于清白而容不得一丝丑恶，不适合做丞相。管仲最后推荐了隰朋。

易牙知道了这件事，就到鲍叔那里挑拨离间，说："管仲的相位本是您推荐的，现在他病了，国君前去询问后任，他却说您不行，反而推荐隰朋，我觉得这很不公平啊。"而鲍叔却笑着回答他："我当初之所以要推荐管仲，就是因为他忠于国家，对朋友也没有私心。而至于我，要是让我做司寇，捉拿坏人，还绰绰有余。要是让我掌管国政，像你们这样的人怎么可能有容身之地？"

管仲就是这样的一个人，胸中有大格局，不讲私情，不喜小恩小惠。幸好鲍叔理解他，"管鲍之交"真是让人感动啊！

本书全面介绍了管仲的一生，展现了这位春秋名相的风采和功绩。

目 录

序言

第一章

管仲拜相

一、礼崩乐坏的时代

周朝是中国古代的一个重要朝代，也是中华古典文明的全盛时期，它的两项制度对后世产生了深远的影响：一是分封诸侯。严格说来，在中国的政治制度史上，只有周朝是完整意义上的封建制度。所谓封建，就是国家政权封而建之，通过封王、封地来治理一个国家，周天子则是国家至高无上的统治者。二是制定礼乐。礼乐制度，相传是周公所作，是处理等级社会高低贵贱之间的人际关系的伦理规范。"制礼作乐"带来了社会的稳定，"礼崩乐坏"必然带来社会的动乱。周朝的礼乐制度是儒家思想的先河。当时，天下诸侯尊周天子为共主，整个社会秩序相对较好。

公元前771年，西北的犬戎军攻入周的都城镐京，杀死周幽王。第二年，周平王迁都洛邑，周王朝走向衰微。历史上把迁都前的周王朝称为西周，迁都以后的周王朝称为东周（公元前770年—公元前256年）。

周平王东迁之后，王室的权力大受削弱，但在新的权力中心形成之前，它还是天下集权的象征。此时诸侯国陆续强大起来，对周天子不再如以往那般尊重，连定时朝会周天子的礼节也省去了，甚至有的诸侯窥伺周室，"问鼎之轻重"。而诸侯之间为了争霸，更是攻伐不断。孔子将春秋时代称为"礼崩乐坏"的时代。

在春秋前期，郑国是最先强大起来、企图称霸的。

郑武公、郑庄公父子先后担任过周平王的卿士，权力很大。周平王有些不大乐意，就暗暗把一部分权力分给虢公。郑庄公发现了这个事情，就埋怨周平王。周平王说："绝对没有这样的事情。"于是周、郑交换人质。王子狐在郑国作为人质，郑国的公子忽在周朝作为人质。

公元前720年，周平王去世了。在郑国为人质的太子王子狐还没有回到洛邑继位就去世了，王子狐的儿子，年少气盛的周桓王姬林登上了宝座。周桓王因为自己父亲的事情，对郑庄公很是不满。有几次郑庄公朝拜的时候，周桓王都故意不以礼相待。周桓王暗中谋划，准备把辅政大权交给虢公。这件事情引起了郑庄公的不满，同年四月，郑国的大夫祭足领兵抢掠周王室温地（今河南省温县南）的麦子。秋天，又割取了成周（今河南省洛阳市东）的谷子。这些公然的挑衅行为使郑国和周王室的关系全面恶化。

公元前719年，郑国都城的东门被宋、卫、陈、蔡四国围攻，抢掠五日后离去。第二年，郑庄公决定报复，起兵讨伐卫国。此时州吁已死，卫宣公在位。他用南燕（今河南省延津东北）军队进犯郑国。郑庄公令大夫祭足、原繁、泄驾三军抗击燕军正面，令公子忽、公子突偷袭燕军背后。燕军的注意力被吸引在正面的三军身上，没有提防背后两支奇兵，被打得大败。这场战争发生在制这个地方。制地地势险要，关系国家安危。

公元前707年，郑国和周王室的长年积怨终于爆发为一场大的战争。周桓王决定教训一下郑庄公，于是亲自率领蔡、卫、虢、陈联军讨伐郑国。双方在繻葛（今河南省长葛北）摆开战场。这是《左传》所描绘的第一场精彩的大战。结果联军大败，周桓王还被郑国将军祝聃一箭射中了右肩，十分狼狈。

这场战争影响深远，周桓王的鲁莽之举让周王室威信扫地。自此周王室只剩下天下共主的名义，变成诸侯争强图霸的时候不时捧出来的招牌。"礼乐征伐自天子出"的时代一去不复返，大国争霸的时代正式开始。

二、齐国的建立

齐国是周王朝最为重要的封国之一，它的开国之君齐太公姜尚是西周初年的传奇式英雄。《吕氏春秋》说他原是"东夷之士"，《史记》也说他是"东海上人"，可见他与东夷（泛指夏商周时期的东方各族）有密切的关系。据说姜尚曾在商的别都朝歌（今河南省淇县）做过杀牛的屠夫，在孟津（今属河南省）卖过酒。他生活极其贫困，却关心政事。由于姜尚不满商王朝的残暴统治，便离开了商王朝，来到西边的方国周。当时他已是一个上了年纪的老人。

姜尚知道周国的君主周文王是一个贤明之君，有意帮助他夺取天下，但苦于没有机会接近周文王，向他坦陈自己的政见。那时打猎是一种社会时尚，有的人把它当作娱乐休闲的一种方式，而有的人把它视为军事训练的一种手段。姜尚得知周文王也常外出打猎，便在文王经常路过的地方垂钓，希望有机会见到文王。

说来也巧，有一天文王准备外出打猎，当时的人都很迷信，做每件事都要先占卜一下，看看是否吉利。周文王也精于此道，史称他曾被商纣王囚于羑里（古地名，今河南省汤阴县北），他在被囚禁期间，"演六十四卦，著七八九六之爻"，这就是《周易》一书的主体内容。占卜的结果，是这次打猎所获非龙非螭（古代传说的一种动物，蛟龙之属）、非虎非罴（熊的一种），而将获霸王之辅。

果然，存心寻找贤才的周文王在渭水的北岸遇到了正在垂钓的姜尚。初次交谈，周文王就被他那渊博的知识以及对天下形势精辟的分析所倾倒，高兴得不知怎样表达才好，连连说："你真是我的太公（指祖父，即古公亶父，周国的创立者）盼望已久的贤才啊！"姜尚因此亦称"太公望"或"姜太公"。

周文王自从得到姜尚的辅佐后，周国的事业便蒸蒸日上，到文王去世，已是三分天下有其二，而这些成绩的取得大都是靠姜尚的谋略。周武王兴师伐纣时，姜尚还亲自率领周国的"虎贲之士"攻打殷军。《诗经》也曾刻画姜太公伐商时威风凛凛的英雄形象：

牧野洋洋，

檀车煌煌，

> 驷騵彭彭。
>
> 维师尚父，
>
> 时维鹰扬。
>
> 凉彼武王，
>
> 肆伐大商，
>
> 会朝清明。

由于姜太公的赫赫功绩，周王朝建立后，即封他为一方诸侯。周成王时，武庚和三监勾结，并联合东夷反叛，周公经过长达三年的艰苦征战才彻底打败叛军。为了有效地控制东方，周公除了封自己于鲁之外，还把原为"东夷之士"的姜太公改封于齐。齐的疆界"东至海（黄海），西至河（黄河），南至穆陵（今山东省临朐县南），北至无棣（今山东省无棣县北）"，而都于营丘（今山东省淄博市北），后迁都临淄。周王室还给予齐国一项特殊的权力，就是"五侯九伯，实得征之"，就是说齐国可以征讨那些不服从周王朝的诸侯。

姜太公不但是一个精于权谋的军事家，而且还是一个善于理财的政治家。他到齐国后，"修政，因其俗，简其礼，通商工之业，便鱼盐之利，而人民多归齐"，齐很快就成为周王朝在东方的头等大国。

三、齐襄公小霸

但是在西周中后期，由于周夷王误信谗言而造成的错误，导致了齐国长时期的混乱。

齐国由于经历了几十年的动乱，社会发展受到了很大影响，到春秋初期，齐国实力并不强。齐僖公时，北戎侵犯齐国，齐国抵挡不住，便派人向郑庄公求救。郑庄公派太子忽率领郑军救齐，郑军抓获了北戎大良、少良两位大将，斩获甲士三百人，把戎人打败。齐僖公为了感谢太子忽，打算把齐女许配给他，但是太子忽却拒绝说："郑小齐大，非我敌（匹敌）。"（《史记·郑世家》）可见齐在当时是公认的大国，却不是强国。

齐国成为强国是从齐襄公开始的。

公元前698年底，齐僖公去世，太子诸儿即位，是为齐襄公。

自郑庄公去世到齐襄公即位之初，中原无霸主，活跃在政治舞台上的是宋庄公和鲁桓公。宋庄公由于曾在郑庄公的庇护下生活了十多年，因此即位后便采取了亲郑的政策。郑庄公去世后，深受郑庄公宠信的大夫祭仲拥立太子忽为君，是为郑昭公。但是宋庄公却横插一脚，派人把祭仲诱骗到宋国并抓了起来，威胁说："如果你不拥立公子突为君，就杀掉你。"宋庄公还把郑公子突也抓了起来，许诺拥戴他为国君，条件是要他即位后用钱财报答宋国。祭仲怕死，便答应更换国君，拥立公子突，还和宋国订立了盟约。宋国之所以要拥立公子突，原因是公子突的母亲是宋人，宋庄公要借此大捞一把。郑昭公得知祭仲因为宋国的要挟要更立公子突的消息后，感到大势已去，便逃到了卫国。公子突顺利地登了上君位，是为郑厉公。

宋庄公在郑厉公即位后便不断来索取财物，郑厉公忍无可忍，便在公元前699年联合鲁国和纪国与宋国开战。宋国也联合了齐国、卫国和燕国一同作战。结果宋、齐、卫、燕联军大败。宋庄公不服气，在第二年冬天又联合齐、卫、陈、蔡伐郑。郑国这次没有其他诸侯国的支持，结果被联军烧掉了都城的渠门，攻入国都。宋军把郑国祖庙屋顶上的梁木也拆掉并运回，做成宋都城卢门上的梁以示炫耀，还夺取了郑郊牛首（今河南省通许县东北）。

不久，郑国内部发生了矛盾。大臣祭仲虽因拥立郑厉公有功，大权在握，而且他为人很专权，这就引起了精明能干的郑厉公的不满。公元前697年郑厉公计划让祭仲的女婿雍纠在郊区设宴招待他的岳父，趁机杀掉祭仲。但雍纠却回家同妻子雍姬商量此事。两边都是亲人，雍姬拿不定主意该帮谁，便去问她的母亲："父亲与丈夫哪个更亲一些？"她的母亲回答道："只要是男人都可以成为丈夫，而父亲只有一人，这怎么可以相比呢！"雍姬遂下定决心帮助父亲，就把她知道的情况告诉了母亲。祭仲知道此事后，立即把雍纠杀掉。郑厉公见阴谋败露，恐祭仲加害自己，就载着雍纠的尸体逃到蔡国去了。郑厉公出逃，郑昭公乘机回来复位。

这时，宋国又开始支持郑厉公。在宋国的暗中支持下，郑厉公不久即潜入郑国南部的栎邑（今河南省禹县），并把栎人鼓动起来，杀掉了栎邑的长官檀伯从而占据了栎邑，公开与郑昭公的政权相对抗。宋庄公这时便联合鲁国、齐国、卫国和陈国一同伐郑，想把郑厉公强行送回去复位，但失败了。于是宋国又派军队帮助郑厉公据守栎邑，使郑昭公不敢贸然采取军事行动。

第二年春，宋国又与鲁、蔡、卫在曹开会，商量伐郑，并在这年的初夏一同伐郑。此次伐郑直到秋天才结束，仍然没有结果。

在宋与郑对立之初，鲁桓公起初充当的是调解人的角色，但由于宋庄公的强硬态度，调解失败。鲁桓公感到丢了面子，便转而支持郑昭公，并在公元前700年亲自率师伐宋，却吃了败仗。鲁桓公不甘心，第二年又带着一向追随鲁国的纪国，协助郑国与宋、齐、卫、燕联军大战，这次取得了辉煌的胜利。但是，郑厉公出逃，郑昭公复位后，鲁国同郑国的关系却来了个一百八十度大转弯，鲁国竟然加入了以宋国为首的伐郑大营。

齐襄公即位后面临的形势是：南面的鲁国和西面的宋国都是实力较强的国家，较难对付。北面的燕国比较弱，但那不是争雄之地。东边的纪国比较弱小，与齐国又是世仇，齐国早就打算把纪国灭掉。齐僖公时，就与郑庄公以朝纪为名，想乘机灭掉纪，但是其阴谋被纪人知道了，没有得逞。如果能灭掉纪国，就比较容易把领地拓展到山东半岛的东头，于是齐襄公决定先从纪国下手。但是，纪国与鲁国的关系很密切，纪国的国君娶的是鲁女，而且纪国以前一直追随鲁国参与中原的活动。在郑国与宋国的对抗中，齐国支持宋国，鲁国支持郑国，结果郑国、鲁国及纪国的联军大败宋、齐、卫、燕四国联军，这使本来已很紧张的齐国、纪国关系进一步恶化。因此，齐襄公灭纪国计划的第一步就是与鲁国修好，尽量使鲁国在齐国的灭纪行动中保持中立；同时，加强对纪国的压迫。纪国在齐国的压迫下只好寻求鲁国的保护。而鲁国与齐国刚修好，不便与齐国翻脸，但更不愿看到齐国灭掉纪国。于是鲁桓公再次充当调解人，于公元前694年春，带着纪君到齐国的黄地与齐襄公谈判，并签订了盟约。但是齐国灭纪国的决心已定，所以"黄地之盟"后仍然加紧对纪国的压迫，齐国、鲁国遂翻脸。这年五月，齐国入侵鲁国。两国在鲁的奚地开战，结果鲁军战败。

第二年，齐襄公就强占了纪国三个邑。到公元前691年，纪国就在齐国的压迫下发生分裂。纪君的弟弟纪季就逃到齐国，献上自己的封地，做了齐国的附庸。

眼看纪国将亡，纪君再次向鲁国求救。鲁国的君臣经过一番商量，打算救纪国，但又惧怕齐国，所以计划联合郑国一同出兵。鲁庄公跑到滑地准备同郑君会面，但是郑君却以国有内乱为借口拒绝同他见面。鲁庄公不得已，只好单独出兵，但终因畏惧齐国，只是屯兵于鲁国的边邑郎（今山东省鱼台东北）以观望。

第二年，齐国出兵伐纪国，纪国无力抵抗，纪国之君又不愿向齐国投降，于是把纪国移交给已投靠齐国的弟弟纪季，自己逃亡出去。纪季接管纪国后，双手把纪国献给了齐襄公，纪国灭亡了。

鲁庄公目睹齐国把受自己保护的纪国灭掉了，却也无可奈何，还得忍气吞声地跑到齐国的郜地会见齐襄公，并陪同齐襄公打猎，以缓和齐国、鲁国之间紧张的关系。

齐襄公在灭纪国，拓展在山东的领土的同时，对中原的活动也积极参与。公元前 697 年，郑厉公出奔蔡国，后入居栎邑，郑昭公复位。齐国因为郑昭公曾拒绝与齐国联姻就站在郑厉公一边，随同宋、鲁等国一道伐郑。

不久，郑国又发生了内乱。郑昭公还是太子时就不喜欢大夫高渠弥，当他父亲郑庄公决定任命高渠弥为卿，参与执政时，他就坚决反对。但郑庄公不听，坚持用高渠弥。郑昭公复位后，高渠弥深感不安，怕郑昭公把他杀掉，便先下手为强，在公元前 695 年十月辛卯这一天，趁与郑昭公一同外出打猎之际，把郑昭公射死于野外。祭仲和高渠弥都不敢迎郑厉公复位，于是立公子亹为君。

齐襄公想干预郑国的事务，就在第二年的七月召集诸侯在卫国邻近郑国的首止（今河南省睢县东南）开会。公子亹在齐襄公为公子时曾与他打过架，是仇敌，所以祭仲劝公子亹不要参加"首止之会"。公子亹回答："齐国现在很强，而且郑厉公还占据栎邑，如果不去开会，齐国就会以此为借口率领诸侯伐我，把郑厉公送回来复位。我还不如去看看，去了并不一定就会被辱，当然更不会出其他问题了。"于是决定去参加"首止之会"。足智多谋的祭仲担心齐人把他们一起杀掉，便装病不行。公子亹到了首止后，也不向齐襄公赔礼道歉。齐襄公是个霸气十足而且做事从不考虑后果的人，见公子亹并不低声下气地向他道歉，恼羞成怒，便让在会场上预先埋伏的武士，把公子亹杀掉了。高渠弥侥幸逃脱，回到郑国后即与祭仲商量，把公子亹的弟弟公子仪（又名子婴、婴次）从陈国迎回立为国君。

齐襄公在位期间，还曾干预卫国的事务。卫国发生内乱，卫惠公（他母亲宣姜就是齐襄公的妹妹）仓皇逃到齐国，齐襄公收留了他。第二年春，当鲁桓公带着纪君到齐国来谈和时，齐襄公还同他们商量了卫国的事情，打算帮助卫惠公回国复位。但不久齐国、鲁国因纪国之事而翻脸，以至于大动干戈，第二年齐襄公又害死了鲁桓公，以后又灭纪国及干预郑国之事，杀郑公子亹，遂把这事搁置起来了。

到公元前689年冬，齐襄公以周庄王的名义，率领鲁、宋、陈、蔡等国一同伐卫国，而周庄王却派王子突率师救卫，因为卫君黔牟是自己的女婿。第二年六月，以齐国为首的诸侯之军政入卫国，杀掉叛乱的左公子泄和右公子职，卫君黔牟逃亡，卫惠公复位。卫惠公为了感谢齐襄公，拿出了许多贵重礼物送给他。后来与齐襄公私通的鲁庄公之母文姜想要这些东西，齐襄公就声称在这次伐卫国的军事行动中，鲁国功劳最大，于是把礼物转送给了鲁国。

齐襄公在中原的活动中，虽说有些霸主的味道，但他心胸狭隘，鲜廉寡耻，挟私报复，为将来埋下很多隐患。齐襄公的所作所为，令齐国一些有识之士深感不安，总感到有点山雨欲来的味道。

在这些有识之士中，就有管仲、鲍叔和召忽。

四、管仲与鲍叔

管仲，字夷吾，颍上（今安徽省颍上县）人，姬姓后裔。他祖上是贵族，后来家道中落，沦为平民。管子的生年不详，从《管子·大匡》的第一段记载来看，他大约生于公元前730年，卒于公元前645年。

管仲的青少年时代曾经为"圉人"，替人牧马，后来同好友鲍叔一同在南阳经商。管仲经常欺侮鲍叔，赚了钱，总是要多拿一些。鲍叔知道管仲家里很贫困，比他更需要钱来养家糊口，从不与他计较。做生意时，多由管仲来策划、筹算。但他们失败的时候多，赚钱的时候少，《说苑》说管仲"三辱于市"，就是指此。而鲍叔并不认为管仲愚笨，把经商失败的原因归为"时有利不利"。后来管仲出去求仕，但都没有做多久就被辞退了。鲍叔也不认为是管仲无能，而认为是生不逢时。管仲还当过兵，但打仗时总是逃跑在先。鲍叔也不认为是管仲怯懦，而认为是由于他有老母在堂，要保全性命来奉养老母。总之，鲍叔认定管仲是个有大才能的贤人，对他的所作所为都非常支持。可以说，鲍叔非常崇拜管仲。

齐僖公有三个儿子，长子公子诸儿，即后来的齐襄公，次子公子纠，幼子公子小白。当时管仲和召忽被任命为公子纠的"傅"，即老师。后来齐僖公又让鲍叔为公子小白之"傅"，负责教导公子小白。但鲍叔认为辅佐公子小白不会有什么前途，便拒绝了，还假装生病不出门。

管仲邀召忽一同去看望鲍叔，问道："为什么不出来做事呢？"鲍叔推心置腹地说："先人说过，没有比父亲更了解儿子的，没有比君主更了解臣下的。现在国君知道我不能干，所以才派我做的小白的老师，我不想干了。"

召忽同情地说："您如果坚决不干，就不要出来，我暂时向国君作证说您快死了，就一定能把您免掉。"鲍叔感谢地说："有您这样做，那就没有做不到的了。"

管仲不同意鲍叔的看法，他说："不行。主持国家大事的人，不应该推辞工作，也不应该贪求清闲。将来真正掌握政权的，还不知道是谁呢！您还是出来干吧！"

召忽也对公子小白没有信心，他不同意管仲的意见，说："不行。我们三人对齐国来说，好比鼎的三足，去掉一足就立不起来。我看公子小白必定不会继承君位。"

管仲见鲍叔、召忽都对公子小白没有信心，认为公子小白不可能继承君位，颇不以为然。他分析说："我看不对。人们因为憎恶公子纠的母亲，必然会连累到公子纠本人，却会同情没有母亲的公子小白。公子诸儿虽然年长，但品质卑劣，前途如何还不一定。看来将来能安定齐国的，除了公子纠与公子小白两人，恐怕不会再有别人。公子小白虽然性格急躁，但是能把握大方向。如果不幸有一天上天降祸加灾于齐国，公子纠就算能立为君主，也不会成就什么大事。那时不靠您鲍叔出来安定国家，还将靠谁呢？"

召忽是个耿直之人，他对齐僖公之后的政局非常担心，忧心忡忡地说："国君百年之后，如果有人违君命废掉我所拥立的公子纠，夺去公子纠的君位，就算他得了天下，我也不愿辅佐他。"

管仲是个注重大局而不拘小节的智者，当然不会赞同召忽这种愚忠思想。他说："我作为人君的臣子，是受国君之命为国家主持宗庙的，岂能为公子纠而牺牲自己？我只有在国家破、宗庙灭、祭祀绝的情况下才会去死。除了这三种情况，我就要活着。"

停了停，管仲又非常自信地补充说："只要我管夷吾活着，就会对齐国有利；如果我管夷吾死了，就会对齐国不利。"

鲍叔听二人把话题岔开了，忙插进来问道："那么我到底该怎么办？"管仲回答："您接受委任就是了。"鲍叔同意，马上就出来接受命令，担任了公子小白的师傅，辅佐公子小白。管仲、召忽和鲍叔三人还相互约定，无论将来是公子纠还是公子小白做君主，他们三人都要相互引荐。

　　鲍叔担任了公子小白的师傅后，心里没有底，又找管仲商量，问他："我该怎样做工作呢？"管仲回答："作为人臣，如果对君主不尽心竭力，君主就不会亲信自己。君主不亲信，则说话就没分量。说话没分量，那国家就不能安宁。总而言之，侍奉君主，不可存有二心。"鲍叔表示非常赞同。

　　公元前698年，齐僖公去世，公子诸儿继立为君，是为齐襄公。由于齐襄公倒行逆施，鲍叔、管仲等人已预感到齐国将发生内乱，于是鲍叔带着公子小白出逃到莒国以避祸，而管仲和召忽则留下来观望局势的发展。

　　不久，齐国果真发生了内乱。

五、齐襄公之死

　　话说齐僖公有个同胞弟弟叫夷仲年，夷仲年的儿子公孙无知很受齐僖公的宠爱，其衣服和礼数都享受与公子诸儿一样的待遇。心胸狭窄的公子诸儿因此很不高兴，即位之后，立即削掉了公孙无知的俸禄和特权，引起了公孙无知的不满。

　　公元前687年，齐襄公派连称、管至父两人去戍守国都临淄西边的葵丘。二人问："我们什么时候可以回来？"齐襄公正在吃瓜，便顺口说："现在正是瓜熟的季节，到明年瓜熟的季节就派人把你们换回来。"这本是一句搪塞的话，到第二年瓜熟的时候，齐襄公早已把他的许诺忘得干干净净，没有派人去换防。

　　二人提醒齐襄公，请求派人接替，结果被齐襄公拒绝。二人非常愤怒，就准备起来作乱，并和公孙无知勾结，公孙无知就成了他们的首领。

　　连称有位远房的妹妹是齐襄公的妃子之一，却不得宠，连称就找她做内应，让她探知齐襄公的行动以便找机会下手，还许诺说：“若事成功，就立你为公孙无知的正夫人。”

　　公元前686年冬，齐襄公到姑棼（即薄姑，今山东省博兴县东北）去游玩，并到沛丘打猎。连称的堂妹把这事通知了公孙无知一伙，公孙无知等人决定在此下手。

　　齐襄公在沛丘打猎时，见到一只野猪，侍从们骗他说：“这是公子彭生。”齐襄公害死鲁桓公，却让公子彭生做了替罪羊，心中不免内疚。听说是公子彭生，心中大怒，呵斥道：“公子彭生怎么敢来见我！”就用箭射它。这只野猪却像人一样站着哭叫起来，心怀鬼胎的齐襄公害怕得从车上掉了下来，扭伤了脚，又丢了鞋子。

　　回到行宫后，齐襄公向主管鞋子的侍从费要鞋子。费没有找到鞋子，暴虐的齐襄公就用鞭子打费，打得费浑身是血。费跑了出来，在大门外遇到公孙无知、连称、管至父等一群叛贼，被捆了起来。公孙无知等审问费，问他齐襄公在哪里。费说他是齐襄公的仇人，还脱掉衣服让他们看刚被齐襄公打伤的背，公孙无知等人这才相信他不是齐襄公的亲信，便让他带路一道进宫去捉齐襄公。费说：“你们不要硬闯，如果硬闯惊动了守卫，那就不容易进宫了。"于是公孙无知等人让费先进去，其余人都待在宫外。

对主人无限忠诚的费进入宫里，立即把公孙无知等叛贼正要入宫捉齐襄公的消息告诉了齐襄公和侍卫，并把齐襄公藏了起来。公孙无知等人久等不见费出来，心中害怕，便强行攻入宫中。费与齐襄公的侍从被公孙无知的叛军杀死。叛军到处搜查。在门下发现一只正在发抖的脚，拉出来一看，正是齐襄公，于是把他杀掉了，公孙无知被拥立为新君。

六、鲍叔让贤

管仲得知公孙无知等人杀掉齐襄公、自立为君的消息后，立即同召忽带着公子纠逃难。公子纠的母亲是鲁国人，于是他们来到鲁国。

第二年春，刚刚坐上君主宝座的公孙无知就被大夫雍廪杀掉，齐国一时出现无君的情况。

此时，年轻的鲁庄公刚刚亲政，他很想施展抱负，便有心支持公子纠，把他推上齐国君主的宝座。于是鲁庄公与齐国诸大夫在暨地（今山东省苍县）磋商，并立了盟约。很快，管仲、召忽等人就护卫公子纠回到了齐国。

但是，实际执掌齐国大权的是国、高二氏。而公子小白从小就与高氏家族的高傒十分要好，所以在鲁庄公与齐国诸大夫磋商时，国、高二氏就悄悄地派人到莒国请公子小白回国为君。

当使者向小白转达了国、高二氏的主意后，公子小白却沉吟不决。鲍叔催促他说："还不赶快回去吗？"小白摇摇头说："不行。管仲智谋过人，召忽武艺超群，有他们在，尽管国人召我回去，恐怕还是回不去的。"鲍叔说："如果管仲的智谋能发挥出来，齐国为什么还会乱？召忽虽然武艺超群，岂能单独对付我们？"

公子小白还是很担心，他说："管仲虽然没有发挥其智谋，便毕竟不是没有智谋的人；召忽虽然得不到国人支持，但他的党羽还是足以加害于我们的。"

鲍叔坚持要小白回去，他说："国家一乱，智者也无法搞好内政，朋友也无法搞好团结，国家完全可以夺到手。"于是不管小白是否同意，立即命令驾车出发，莒国也派了几十乘兵车护送。

鲍叔把公子小白拉上车后，亲自为他驾车向齐国急驰。但公子小白坐在车上还是犹犹豫豫的，他说："管仲和召忽两人是奉君令行事的，我还是不可冒险。"说着就要下车。鲍叔见公子小白要下车，非常着急，想拉住他，但两手忙于驾车，腾不出来。于是他也顾不得什么君臣礼节，用靴子挡住公子小白的脚说："事如成功，就在此时；事如不成，就由我牺牲生命，您还是可以保住性命的。"于是他们继续前进。

谁赶在前头，谁就有可能争到王位。鲁庄公亲自率兵护送公子纠回国，并且派管仲带兵去阻截公子小白。

管仲没日没夜地赶路，到了莒国边境的时候，果然就追上了公子小白的队伍。

管仲问道："公子去哪儿啊？"公子小白故作平静地说："回国料理齐襄公的丧事。"

管仲说："公子纠比您年长，由他去料理丧事就行了，您又何必这么匆忙呢？"

公子小白脸色沉了下来，不耐烦地说："我们家的事，不用你来操心，你快让开！"他的随从也都围了上来，像是要动手的样子。

管仲见势头不好，只好退去。可他又不甘心，心里想："干脆我一不做二不休，来个先下手为强！"他暗暗抽出箭来，突然弯弓搭箭，转身向公子小白射去。只听见小白大叫一声，口吐鲜血，往后便倒。

管仲以为射死了公子小白，赶忙去向公子纠和鲁庄公报告。他们听说公子小白已死，心都放到了肚子里，不那么着急赶路了。

谁知道公子小白并没有死，管仲那一箭只射中了他的衣带钩，公子小白故意咬破舌头，吐出血来，骗过了管仲，等管仲走远，他才起来。一行人日夜兼程，有小路就抄小路，没几天就到了国都临淄。

这时候公子纠他们一行人却还在半路上优哉游哉呢。

齐国国内对立哪个公子为君却还有分歧，他们问鲍叔，如果立公子小白的话，公子纠回来怎么办呢？

　　鲍叔先是把公子小白夸了一番，说他宽厚仁慈，才能过人，不是公子纠所能比的；而且，公子纠由鲁庄公护送而来，如果当上了国君，岂不是事事都要受鲁国的控制吗？齐国本是大国，怎么能忍受这种事情呢？

　　众人听了，觉得很有道理，都拥护公子小白为新君。

　　又过了几天，鲁庄公、公子纠他们才姗姗来迟，听说公子小白已经当上了国君，大为愤怒，当即发动进攻，想靠武力把王位夺回来。齐桓公亲自带兵迎战，在乾时（今山东省桓台境内）打了一仗，鲁军惨败。

　　齐桓公在乾时之战打败鲁军，即位为君以后，就准备委任功劳最大的鲍叔主持齐国的大政。鲍叔却乘机推荐他的好友管仲。他说："我只是您的庸臣，国君要加惠于我，使我免于饥寒，就算您的恩赐了。至于治理国家，则非我所能胜任，只有管夷吾才行。我有五个方面不如管夷吾：宽惠爱民，我不如他；治国不失权柄，我不如他；忠信以交好诸侯，我不如他；制订礼仪以示范四方，我不如他；披甲击鼓，立于军门，使百姓勇气倍增，我不如他。管仲，好比人民的父母，您想治理好儿子，就不可不用他们的父母。"鲍叔还说："得到管仲和召忽，国家就安定了。"

　　齐桓公一听鲍叔建议重用管仲，便气哼哼地说："亏你想得出来，你也不是不知道，管仲是我的仇人，他差点要了我的命，我恨不得食其肉、寝其皮，怎么可能重用他呢？"

　　鲍叔解释说："做臣子的各为其主，这是他的本分。您只要赦免他的罪，让他回国，他将同样为您效劳。"鲍叔接着把他与管仲、召忽以前的谋划告诉了齐桓公。

齐桓公这才知道，鲍叔之所以肯辅佐他，全是管仲的计谋，于是对管仲的仇恨不由得消了一大半。他早就知道管仲的才能，这时又有鲍叔的极力推荐，便决定冰释前嫌，召回管仲、召忽。他问鲍叔："那么，我能得到他们吗？"

鲍叔回答："只要快快召回，就能得到。迟了，恐怕就得不到。因为鲁国的谋臣施伯知道管仲的才干，他会献计让鲁国国君把大政交给管仲。管仲如接受，鲁国就知道如何削弱齐国了；管仲如果不接受，鲁国知道他将回齐国，就一定会把他杀掉。"

齐桓公听鲍叔这么一说，不由得担心起来。他问鲍叔："那么，管仲会不会接受鲁国的政务呢？"

鲍叔肯定地说："不会接受，管仲不愿为公子纠而死，就是为了安定齐国；若接受了鲁国的政务，那就是削弱齐国了。管仲对齐国忠心不二，虽然明知要死，也不会接受鲁国的政务。"

齐桓公对管仲还是有些不放心，又问鲍叔："他对于我，也会忠心不二吗？"

鲍叔回答："他不是为了您，而是为了齐国历代的君主。毋庸置疑，他对您当然不如对公子纠更亲近，对公子纠他都不肯死，何况是您呢？您若想安定齐国，就快把他接回来吧！"

齐桓公性格比较急，这时恨不得马上就把管仲、召忽接回来，但又怕鲁人已杀掉了他们，焦急地问鲍叔："恐怕时间来不及了，怎么办？"鲍叔分析说："施伯的为人，聪敏多智然胆小怕事，您若不及早去要，他害怕得罪齐国，一定会杀他们的。"齐桓公表示同意，并派鲍叔亲自去办这件事。

当齐桓公和鲍叔正在商议如何得到管仲的时候，鲁庄公也在与谋臣施伯商量如何处置管仲。施伯向鲁庄公建议说："管仲为人足智多谋，只是事业未成。现在他避难在鲁国，您应该委之以鲁国的大政。他若接受，就可以削弱齐国；他若不接受，就杀掉他。杀掉他来向齐国讨好，表示与齐国同仇敌忾，这比不杀他更好。"鲁庄公同意了。

但是，鲁国还没有找管仲谈这事，鲍叔作为齐使已来到了鲁国。

乾时之战，鲁庄公虽然只身逃回了鲁国，但鲁军却被齐军抄了后路，进退维谷，十分危急，鲁国这时只好委曲求全，听命于齐国。鲍叔对鲁庄公说："公子纠，是我们国君的亲人，现在我们国君愿意大义灭亲，请您替我国杀掉。"鲁庄公于是令人杀掉了公子纠。

鲍叔又提出："管仲、召忽，是我国的叛贼，现在在鲁国，我君想活着得到他们，然后亲自杀掉。如果得不到，那就表明国君您和我国的叛贼站在一起了。"

鲁庄公又找施伯商量，施伯说："不要交回。齐国不是要杀他们，而是想用他们为政。管仲是天下的贤人，是大才；楚国用他则楚国得志于天下，晋国用他则晋国得志于天下，狄国用他则狄国得志于天下。现在齐国要是得到他，将来必为鲁国之患。您何不把他杀掉而把尸体交给他们呢？"

鲁庄公觉得这是一条妙计，立即表示赞同，准备把管仲杀掉。鲍叔知道后，心中大惊，马上找到鲁庄公威胁说："在齐国杀人，是杀齐国的犯人；在鲁国杀人，是杀鲁国的犯人。我们国君是想得到活的，把他处死在齐国，是为了教育群臣。若得不到活的，就等于您和我国的叛贼站在一起了，这不是我们国君所要求的，恕我不敢从命。"

鲁庄公又和施伯商量，胆小的施伯改变主意说："我看还是把管仲、召忽交给他们。我听说齐君的性子急而且颇为骄傲，虽然得到像管仲这样的贤才，但不一定真能用他。如果齐君真能用他，管仲的事业就会有所成就。管仲是天下的大圣人，现在回齐国执政，天下都将归顺齐，岂独鲁国？现在如果杀掉他，他可是鲍叔的好友，鲍叔势必全力为他报仇。假如鲍叔借此与鲁国作对，您一定受不了，还不如把他交给齐国算了。"

鲁庄公犹豫了一会儿，最后还是决定把管仲和召忽交给齐人。当鲁人把管仲和召忽捆绑起来塞进囚车准备出发时，管仲问召忽："您害怕吗？"召忽回答："怕什么？我不早死，是等待国家平定。现在国家既然已平定了，如果让您执政齐国，也一定会让我执政齐国。但是，杀掉我君公子纠而用我身，是对我的双重侮辱。您做生臣，让我做死臣好了。我召忽既已明知将为齐国的执政而求死，公子纠可以说有死事的忠臣了；您活着帮助齐国称霸诸侯，公子纠可以说有生臣了。死者完成德行，生者完成功名，生名与死名不能兼顾，德行与功名也不能兼得。您努力吧，生死在我们两人是各尽其分了。"

鲍叔看到好友管仲手脚被捆绑着，眼睛被胶涂着，披头散发，不由得心酸，大声哭了起来。但他马上控制住了自己的情绪，以防鲁人看出破绽。但鲁国有个明白人，那就是施伯，他知道管仲是不会死了。

鲍叔既得管仲和召忽二人，怕鲁庄公反悔，便让士卒推着囚车先行。管仲知道回齐国后要用他，怕再落入鲁人的手中，就编了一首歌教推囚车的士卒唱。士卒边走边唱，就不觉得累，很快就走出了鲁国的国境，到了齐国。果然，管仲等人走了不久，鲁庄公又后悔起来，派公子偃来追，但为时已晚。

一入齐境，召忽仰天叹道："烈女不事二夫，烈士不事二主。大丈夫决不贪生怕死。现在我该为主子殉节了！"说完就拔剑自杀了。管仲伤感不已。

由于赶路赶得太急，管仲等人是又饥又渴。路过绮邑时，管仲向绮邑的封人（地方长官）讨吃的。绮邑的封人知道管仲是个人才，齐君最信任的鲍叔又是他的好朋友，此行回国，齐君不但不会杀他，很可能还会委以大任。因此，当管仲向他讨食时，他不但拿出了最好的食物，而且态度相当恭敬，甚至跪着给管仲进食。

饭后，绮邑的封人自认为有恩于管仲，就悄悄地对管仲说：

"如果你到齐国而侥幸免于死罪，被齐君重用，那时你将何以报答我？"

管仲回答说："如果像您所说，齐国用我为政，那是我的贤德被肯定，是我的才能被使用，是我的功劳被人承认罢了，我凭什么报答您呢？"绮邑的封人听了这话，悻悻而去。

管仲一行到了齐国的堂阜（今山东省蒙阴县西北）后，鲍叔才把管仲放出囚车，还为他举行了除灾仪式，让他沐浴三次以洗掉身上的晦气。到了国都，齐桓公亲自到郊外迎接。

管仲因为自己是个囚犯，就垂下帽缨，掩着衣襟，还让人拿着斧子站在背后，以表示负罪之意。齐桓公三次下令让执斧人离开，执斧人才退下。齐桓公对管仲说："既已垂下帽缨，拉下衣襟，这样谢罪也就够了。寡人准备正式接见你。"

管仲叩头再拜说："承蒙您的恩赐，我就是死在黄泉，也不朽了。"齐桓公便与管仲一道进入国都，在祖先的庙堂上正式接见了管仲。

七、庙堂陈谋

齐桓公是个急性子，一得到管仲，马上就向他请教为政之道。他说："从前我们齐国的先君襄公，筑高台，修广池，耽乐饮酒，田猎捕射，不理国政。鄙视圣贤，侮慢士人，只知宠爱女色，九妃六嫔、侍妾有数百人之多。食必粱肉，衣必文绣。而战士挨饿受冻，战马是游车用过的老马，战士的给养使用的是侍妾食用的剩余。亲近歌舞、杂技艺人而疏远贤良大夫，所以国家不能日新月异地发展。我真担心有宗庙无人打扫、社稷无人祭祀的一天。请问该怎么办呢？"

　　管仲回答："从前我们的先王周昭王和周穆王效法文王、武王的远迹，以成其名。集合高年硕德的老人，考察人民当中表现好的，立典型为规范。准备有格式的表卷，让人民原原本本地填写。然后用赏赐劝勉好人，用刑罚惩治坏人，治理人民始终如一。"齐桓公听到这里，很感兴趣，进一步请教治国之方。管仲提出了一连串的治国方案，齐桓公听了后，佩服得五体投地，这才真正明白了为什么鲍叔会如此崇拜管仲。于是，立即任命他为齐国的大夫，并委以齐国之政。

　　当时，齐国刚经历了将近一年的内乱，局势仍不稳定。于是齐桓公又召见管仲请教安邦之策。齐桓公问道："国家能够安定吗？"管仲回答："您能建立霸业，国家就能安定；建立不了霸业，国家就不能安定。"

　　齐桓公想的是如何尽快地稳定齐国、稳定君位，至于建立霸业之事，他连想也没想过。于是他略带不满地说："我不敢有那么大的雄心，只求国家安定。"管仲坚持要谈建立霸业的事，齐桓公还是说："我不行。"管仲气愤地向齐桓公请求辞职，他说："君免我于死，是我的幸运。但我之所以不死节于公子纠，是为了把国家真正安定下来。国家不真正安定，要我掌握齐国的政事而不死节于公子纠，我是不敢接受的。"说完就走了出去。

"先生快回来。"刚走到大门口，齐桓公忙叫住管仲。

管仲只得回来了。齐桓公流着泪说："如果你一定要坚持，那我就努力图霸吧！"管仲躬身再拜，起来后说："今天您同意完成霸业，那我就可以秉承君命执掌齐国大命了。"

管仲说出自己的治国理念：欲建立霸业，称霸诸侯，第一步必须稳定局势，安定国内的民心，实现富国强兵的战略。要取得民心，首先是爱民，而爱民的关键是要富民。百姓富足了，国家自然就富强；国家强大了，建立霸业的宏伟蓝图也就实现了。

齐桓公不好意思地对管仲说："不瞒你说，寡人有三大缺点。你看还能把国家治理好吗？"

管仲说："我还不知道您到底有哪些缺点。"

齐桓公说："寡人喜好打猎，经常整日整夜地在田野里奔跑。诸侯使者不得当面致意，百官也无从当面汇报。"管仲说："这虽然不是一件好事，但还不是最要紧的。"齐桓公又说："寡人嗜好饮酒，经常通宵达旦，诸侯使者不得当面致意，百官也无从当面汇报。"

管仲说："这虽然也不是一件好事，但也还不是最要紧的。"

齐桓公迟疑了好一阵，最后才鼓起勇气说道："很不幸，寡人好色，连姑姐都有留着不嫁人的。"管仲回答："这也不是一件好事，但仍然不是最要紧的。"齐桓公听管仲说自己的三大缺点都不是最要紧的，心下如释重负，心想，这要是换成鲍叔，不把我骂个狗血喷头才怪呢，管仲的气魄就是不一样啊。转念一想，又怀疑管仲是不是个佞人，想把我带到沟里去，便说："这三者都可以，难道还有什么不可以的事情吗？"

管仲回答："国君能不能成事，只看他是不是优柔寡断和有没有上进心。优柔寡断则无人拥护，没有上进心肯定成不了大事。"管仲不以道德信条为最高标准，而注重事功，讲求实际，这是他和正统儒家最大的不同，也是当时诸侯争霸、富国强兵的必然选择。

齐桓公又让管仲评论百官。管仲说："升降揖让有礼，进退熟悉礼节，言辞刚柔有度，我不如隰朋，请任命他为大行（负责礼仪和招待宾客的官）。开发荒地使之成为城邑，开辟土地使之增产粮食，增加人口，尽土地之利，我不如宁戚，请任命他为大司田（亦作大司农，负责农业生产的官）。在平原广郊之上，使战车不乱、战士不退，鼓声一响而三军视死如归，我不如王子城父，请任命他为大司马（负责军事的官）。判案公平，不妄杀无辜的人，不冤枉无罪的人，我不如弦宁，请任命他为大司理（负责司法的官）。敢于冒犯君主的威严，进谏必忠，不怕死，不贪图富贵，我不如鲍叔，请任命他为大谏（负责向君王指陈过失以劝谏的官）。这五个人我一个都比不上，但是要用我去换他们，我也不愿意。君主想要治国强兵，有此五人就足够了；但如果要图霸王之业，非微臣不可！"

齐桓公完全采纳了管仲的建议，并让他们五人都受管仲节制。

桓公又问管仲，在外交有哪些人可用。管仲建议说："公子举为人见闻广博而且识礼，好学而且言语谦逊，请他派到鲁国，开展外交；公子开方为人灵活而敏捷，可出使卫国，开展外交；曹孙宿为人有小廉而且有小聪明，十分谦恭而且善于辞令，正合乎荆楚的风格，请派他去那里，开展外交。这样，就可以充分发挥个人的特长与能力，尽量结交诸侯，建立与诸侯的稳固联盟，为我们下一步称霸天下做准备。"

齐桓公一一答应了。

管仲虽被齐桓公任命为大夫，执掌国政，但他深知自己出身微贱，齐国那些高傲的门阀贵族不会听他的。比如国、高二氏是周王室所任命的卿士，比一般诸侯的卿大夫地位高出许多，而且掌握着齐国的实权。在这个等级社会，地位低贱的贫穷之人去管理那些地位很高的纨绔子弟，是相当困难的。

于是，他向齐桓公要求："虽然臣能得到君主您的信任，但是臣的地位卑下。"齐桓公明白了，便同意把管仲的等级提到高、国二氏之上。

管仲又说："承蒙君主的提拔。然而臣虽然地位提高了，但仍很贫困。"桓公想了想，决定把齐国的市租赐给他。

管仲又说："承蒙君主您的惠赐，臣已很富有了，但是臣与君主的关系很疏远。"齐桓公沉吟片刻后，决定拜管仲为"仲父"。

管仲这才敢毫无顾忌地开展改革。

八、因能授官

齐桓公曾问管仲："怎样做才能治而不乱，明而不蔽？"管仲回答："只要做到明分职责，就能做到治而不乱，明而不蔽。"就是说要让官吏明确自己的职责，并根据其职责来监督其工作情况，胜任的可以继续为官，不胜任的就要罢免。在这一思想的指导下，齐桓公礼贤下士，广招贤才。

当时，齐国有一个隐士名叫小臣稷，齐桓公听到许多人称赞他的才德，思贤若渴，三次登门拜访，小臣稷都拒不见面。齐桓公并不生气，他说："我听说布衣之士如果不轻视高官厚禄，就不会怠慢国君；而国君如果不好施仁义，就不能招来布衣之士。"结果齐桓公五次亲访，小臣稷终于出来与他见了面。

春秋时期的人都非常重视等级、礼仪，迎接四方之贤才，当然要用高规格的接待礼仪。古代邦国在朝觐、祭祀和商议军国大事时，要在大庭中燃烧火炬，称为"庭燎"；根据爵位之高低，所用庭燎之数也有很大的差别，如天子为一百，公侯为五十或三十不等。为了招徕人才，齐桓公竟僭用天子之礼节来接待士人。但是，一年过去了，仍不见士人的影子。

这时，齐国东部农村有个乡下人自称擅长九九乘法口诀，前来应聘。齐桓公本不想见，但转念一想，一年过去了，连士人的影子也不见一个，如今好不容易来了一人，虽然算不上什么有用的才士，但也不应该遽然弃之，否则别人会耻笑自己。于是叫人把此人请了进来。齐桓公先不客气地将了他一军："会九九之术算不了什么能耐吧，为什么请求见我？"乡下人回答："臣也不认为会九九之术是什么大才能。不过我听说主君设庭燎之礼以待士人，但过了一年都没有一个人前来应聘，主君想过这是为什么吗？"

乡下人看着齐桓公茫然的眼神，停了一会儿继续说："士人之所以不来，是因为主君是天下著名的国君，四方之士人都自以为见解及不上主君，所以不敢来。九九之术是微不足道的技能，但是主君尚且加以重视，优礼微臣，何况那些拥有远远超过九九之术的才士？泰山不拒壤石，所以才那么高；江海不拒细流，所以才那么大。《诗》云，'先民有言，询于刍荛'，意思就是说要集思广益。"

齐桓公听后，对这个乡下人肃然起敬，连声夸奖道："说得好！说得好！"并下令以礼优待此人。

齐桓公优待这个会九九之术的乡下人的事情就像长了翅膀，很快传遍了齐国，又传到整个中原地区，四方前来投靠齐桓公的能人志士蜂拥而至。

齐桓公不但设立庭燎之礼，还注重接待来自各诸侯国的客人。齐桓公委派隰朋管理东方各国的事务，委派宾胥无管理西方各国的事务。齐国国内每三十里设一驿站，准备好食品，设官管理。凡各诸侯国来的官吏，派专人、用车为他们负载行装。若是住宿，派人替他们喂马并以所备食品招待。如果待客标准与收费标准不当，则要追究管理者的罪。齐桓公还规定，凡国内官吏引荐其他诸侯国士人来到齐国做事，引荐得好，视所荐对象能力的大小，给予赏赐；引荐得不好，也不追究。齐桓公还派出"游士八十人，奉以车马衣裘，多其资币，使周游于四方，以号召天下之士"。后来齐国的强盛，除了管仲的各项改革之外，齐桓公广招贤才，使齐国人才济济也是其中的一个重要原因。

在齐桓公选拔的众多人才之中，以宁戚和东郭牙最为著名。宁戚的故事后面再讲，齐桓公发现东郭牙，有一个有趣的故事。

有一次，齐桓公想攻伐莒国，本来这事就只有齐桓公和管仲两人知道，并没和第三人讲，然而国人皆知。管仲知道齐国一定有高人。齐桓公听管仲这么一说，突然想起了一件事，忙对管仲说："对呀，我想起白天曾看见一个服役的人，老是踮着脚尖向我们这边张望，会不会是此人呢？"

管仲认为有此可能，就下令让当天服役的人明天再服役一天，谁也不许替换。

第二天，齐桓公和管仲一起站在高台上观察，见一个服役的人不时向这边张望一下，管仲对齐桓公说："肯定是此人。"立即命人把他请来，待以上宾之礼，分宾主站在台阶上。管仲问他的名字，回说叫东郭牙。管仲单刀直入地问道："你是不是传播齐国要讨伐莒国消息的人？"东郭牙也直截了当、毫不隐讳地说：

"就是我。"管仲又问:"我没有说过要伐莒,你为什么到处说齐国要伐莒?"东郭牙回答:"我听说君子有三种表情:面目开朗而呈和善愉悦之态的是有音乐时的表情;气色黯淡而有严肃之态的是有丧事时的表情;面色恼怒而身姿沉稳端庄的是有战争时的表情。昨天我看见您站在台上,面色恼怒,身姿沉稳端庄,这表示将有战争发生。又见您说话的口型,口张而不闭,像是发莒音,还见您用手指着莒国的方向。我再一想,现在诸侯中有谁对齐国不服呢?想来想去就只有莒国了,所以我断言齐国要征伐莒国了。"

管仲暗暗称奇。东郭牙后来做了齐国的大夫,负责进谏。

关于东郭牙还有一个故事:齐桓公将要立管仲为仲父,告令群臣说:"我将要立管仲为仲父,同意的进门后站在左边,不同意的进门后站在右边。"东郭牙站在中门。齐桓公说:"我要立管仲为仲父,告令上说'同意的站在左边,不同意的站在右边'。现在你为什么站在中门呢?"东郭牙说:"以管仲的才智能够为您称霸天下出谋献策吗?"齐桓公说:"能够。""以管仲决断事情的本领,能够替您办大事吗?"齐桓公说:"能够。"东郭牙说:"现在以大王您的才智足以能够谋略天下,以您决断事情的本领也足以能够办大事,国家的政权应该由您专门负责。现在以管仲的才能,再加上大王您的威力来治理齐国,齐国难道不会处于危险之中吗?"齐桓公说:"你说得有道理。"于是下令隰朋治理内政、管仲管理外政以互相制衡。

选拔人才的目的在于使用人才为国家服务。在人才的管理和使用上，管仲注意到要使官吏的品德与地位相称，使官吏的功劳与俸禄相称，使官吏的能力与官职相称，并把这些看作是国家治乱的根源，称为"三本"。他认为，在一个国家，对于德义没有显著于朝廷的人，不可授予尊高的爵位；对于功业没有表现于全国的人，不可给予优厚的俸禄；对于主持政事没有取信于人民的人，就不能让他做大官。否则，不是"有过"，就是"有失"。这是因为如果有德义不显于朝廷而身居高位的人，贤良的大臣就得不到重用；如果有功劳不著于全国而享有重禄的人，勤奋的大臣就得不到鼓励；如果有主持政事但不能取信于民而做了大官的人，有才能的大臣就不会出力。

在管仲看来，取得人才固然重要，但更为重要的是合理使用人才。他说："天下不患无臣，患无君以使之。"怎样才能发挥人才的作用？除了有一套任命、监督、考核等管理制度外，更重要的是要因能授官。管仲在官吏的任用上，正是遵循的这一原则。隰朋聪明敏捷，善于处理一些微妙的关系，因而派他负责处理东方诸国的事务；宾胥无性格坚强，能不畏强暴，坚持原则，因而派他负责处理西方诸国的事务；鲍叔为人耿直，疾恶如仇，正好用来监督、考核官吏。让王子城父负责军事、让弦宁负责司法、让东郭牙负责进谏等，皆遵循因能授官的原则。

第二章

君臣磨合

一、长勺之战

齐桓公即位之初，中原比较强盛的诸侯国还有鲁国、宋国、郑国、陈国、蔡国、卫国。在这几个国家中，原来郑国最强，郑庄公曾最先挑战周王室的权威，小小称霸了一回。郑庄公死后，他的几个儿子互相争夺王位，内乱不断，所以国势迅速衰落。与此同时，宋国与卫国也因为内乱而逐渐走下坡路。所以齐桓公即位时，只有鲁国比较强大。

齐桓公急于有所作为，便雄心勃勃想东征西讨，一展雄才大略。公元前 684 年正月，借鲁国接纳公子纠的罪名兴兵伐鲁国。本来鲁国就是强国，再加上鲁庄公又是个性情刚烈而崇尚武力的人，一听说齐军来犯，也摩拳擦掌，下令征发全国的军队，与齐军决一雌雄。双方军队在长勺（今山东省济南市莱芜东北）相遇了。

鲁国有个叫曹刿的人，只是一个普通百姓，但他很关心国家兴亡，听说齐军大兵压境，十分着急，就挺身而出，决心为国家出力。

有人劝他说："曹刿啊，国家大事，自有那些当官的去解决，你不过是一个普通老百姓，何必操这份心呢？"曹刿说："那些吃肉的大官们目光短浅，能有什么好办法呢？我一定去见见国君，把我的打算说一说。"

鲁庄公见齐军已经打了进来，马上准备出兵迎战。听说有人来献策，立刻召见。

曹刿见了鲁庄公，便问："齐国的大军已经打来，听说您准备抵抗，您靠什么来战胜齐军呢？"

鲁庄公回答说："我有大家的支持。平时好吃好穿的，我常常把它分给臣下，从来不敢一个人享受，别人感谢我，当然就会支持我啦！"

曹刿说："这不过是小恩小惠，而且只是您身边少数人能够得到，并不是所有的百姓都能得到您的好处，百姓是不会为您去卖命的。"

鲁庄公又说："我祭祀神灵的时候，总是诚心诚意，该供奉什么就供奉什么，该供奉多少就供奉多少，从来不敢弄虚作假，神灵会保佑我打胜仗的。"

曹刿摇了摇头说："这都是鸡毛蒜皮的小事，神灵不会为这个就保佑您打胜仗的。说点儿实在的吧。"

鲁庄公接着又说："老百姓来打官司，我虽然不敢保证一件件都过问，但凡是我处理的案件，我尽量做得公平合理。"

曹刿高兴地说："这还差不多。能想到老百姓的疾苦，就能得到民心，凭这点是能够打胜仗的。"

鲁庄公不了解曹刿，不知他有什么真本事，就问："你有什么办法可以战胜齐军呢？"

曹刿笑着说："打仗这件事，需要随机应变，哪里有固定的方法呢？请您带我到战场上见机行事吧！"鲁庄公听曹刿说得十分有理，觉得他一定有办法，便带着他乘上兵车，奔赴长勺。

　　长勺战场上，齐鲁两军严阵以待。齐国的鲍叔因为曾经打败过鲁军，所以这次根本不把鲁军放在眼里。他求胜心切，两军刚一接触，便下令擂鼓进攻。鲁庄公听到齐军鼓声震天，沉不住气了，也要下令擂鼓冲锋。曹刿赶忙拦住道："且慢！"随后便请鲁庄公传下命令："有吵嚷叫喊、随意行动、不听指挥的，一律处死！"这时候，齐军随着鼓声冲了过来，鲁军却纹丝不动。齐军见无隙可乘，只好退回去。过了一会儿，齐军鼓声又起，鲍叔催着士兵再次冲锋。鲁军还是不动。齐军只好又退了回去。这样连冲了两次，不见鲁军出动，鲍叔更得意了，对手下的人说："鲁军怕是吓破胆了，不敢出战。我们再冲一次，他们准垮无疑。"说着就又传令擂鼓。这时候，眼看着齐军逼到鲁军的阵前了，鲁军士兵憋足了劲，要决一死战。曹刿手提宝剑，向北指道："打败齐军，在此一举！"随后立即请鲁庄公下令擂鼓冲锋。

　　再说齐军连冲了两次，见鲁军不还手，都以为这第三次冲锋还跟过去一样，所以一个个拖着戈矛，扛着刀枪，无精打采地跑了过来，全没把鲁军放在心上。不料，这时候鲁军阵营中鼓声大作。鲁兵如猛虎下山般冲了过来，刀劈箭射，直杀得齐军七零八落，狼狈而逃。鲁庄公马上下令追击，曹刿连忙拦住说："先别忙，让我看看再说。"他跳下兵车察看了地面，又登上兵车瞭望了前方，过一会儿才说："可以追击！"鲁庄公指挥鲁军，直追了三十多里，缴获了齐军的许多车马和兵器后凯旋。

齐桓公初试锋芒就遭遇惨败，难免恼羞成怒，将所有罪过都推到管仲头上。管仲心里明白，此时的齐桓公急于有所作为，听不进不同意见，不碰得鼻青脸肿，他是绝不会服输的。

鲍叔对齐桓公说："长勺之战不比乾时之战，这次是在鲁国境内作战，人家是主人，因此打败了我们。胜败乃兵家常事，并不能说明我们不及鲁军。君主如果想一雪长勺之耻，我们可以和宋国联合，齐国、宋国联合起来必然会战胜鲁军。"

齐桓公同意鲍叔的建议，便准备联宋再战。

二、齐宋联盟

再说宋国，宋闵公一直不忘父亲宋庄公临终的话，总想找个机会和郑国和鲁国大战一场。但是宋闵公不敢独自挑战两国，而自己的同盟齐国老是闹叛乱，现在听说齐桓公攻打鲁国又吃了败仗。宋闵公一直密切注意局势。

现在齐国突然派人请兵，宋闵公咬咬牙，对手下一个战将说："南宫长万，我派你去讨伐鲁国！"

南宫长万长得高大威猛，是宋国有名的大力士。他极端自傲，但缺乏头脑。他奉命带兵，就大摇大摆地和齐桓公会师。刚驻扎在郎这个地方，就吩咐士兵休息，也不需要什么警戒，好像出来旅游似的，累了就准备睡觉。

南宫长万刚要睡着，就听见寂静的夜里，地面好像地震一般，剧烈地响动，接着，军营里就大乱了，到处是恐慌的尖叫，连忙起来穿上战甲，出去一看，心中一惊道："怎么来这么多老虎！"他是不怕老虎的，但手下士兵们可吓坏了，惊慌失措，全无斗志。战马见了老虎，更是惊得长嘶不止。

这时候，后面杀来了敌军。再仔细一看，哪有什么老虎，那些只是披着老虎皮的马。

南宫长万直接就杀入敌军中间，他觉得自己有万夫不当之勇，这时，一支箭射在了他肩膀上，一疼，不留神，又挨了一刀，摔下马去，被一百来个兵士冲上来按住，结结实实地捆上了。

宋军被击败，齐军只能退兵，这次郎城战役又失败了。长勺之战和朗城失利，给齐桓公以深刻的教训。

三、拿谭国开刀

战败回国的齐桓公垂头丧气，坐在朝堂之上，愁眉苦脸地望着自己的群臣，不知道说什么，感到颜面扫尽。齐桓公心想：再战，恐怕我的位子就不保了。

于是，齐桓公故意不提军事上面的事情，底下的群臣也没人敢多言，他就问问国内的一些杂七杂八的事情，比如有没有人犯罪，今年庄稼收成怎样，国库收上来多少钱，等等。

司田把今年粮食收成和国民收入汇报给齐桓公。齐桓公一看，今年的粮食居然是往年的一倍多，国库收入也一下子增加了许多。尽管国家连着打了两场仗，可国力没有下降，反倒上升，这都是管仲的功劳啊。

想想自己的急躁莽撞，连遭败绩，他感到有些羞愧，但心里热乎乎的。管仲看在眼里，心里说："想哭就哭出来吧。"

管仲不气馁地替齐桓公管理这个国家，却没有一丝的怨言。齐桓公平静了一下心情，凝视着管仲，觉得自己有愧于这个人才，心想："若是他怨恨寡人，负气而走，寡人再上哪去找这样的人才，他不负寡人，寡人却负他。"他开始意识到没有管仲，他的这番事业将渺茫无期。这个时候的齐桓公如果没有受到严峻的打击，如果没有看到管仲预备好的那桶"金子"——国内经济改革的初步成效，是不会静下心来思考这些事情的，也不会体会到管仲默默无闻的辛勤耕耘，金子不是点了石头就出来的，而是要经过一天天的努力耕耘才能收获到的。

齐桓公面对群臣简单地检讨了几句。自我检讨是必要的，否则怎么做国人的表率？检讨完之后，他发布了一条命令："从即日起，大小事物皆裁于仲父，然后寡人。"这其实是重申拜相时的条令，那时候是脑子发热颁布的，而现在是在脑子清醒冷静的情况下，他不能再轻视管仲，齐国需要他。

秋去冬来，有一天，齐桓公对管仲说："连续两场对鲁国的战役都打输了，这对国家的地位有很大的影响，老百姓也会以为我们齐国软弱无能，诸侯们会以为我们不堪一击。"

齐桓公心里又有些痒痒了。

管仲点点头，明白他的意思，说："那我们就打一场仗，灭了谭国吧！"

为什么要打谭国呢？谭国是小国，与齐国实力悬殊，很容易取胜，但此时的齐国政府需要这种小的胜利。

现在，齐国百姓因为齐桓公的两次战败，开始对齐国失去了信任感，感到不安和不满，议论纷纷，有些异己分子还从中制造骚动。

管仲借鉴了上任国君齐襄公的经验，当时这个因乱伦而被天下唾弃的国君，用小小的胜利挽救了百姓对政府已经绝望的心，他现在也需要这样的胜利唤起国民对国家的信心，国民的信任也是霸业征程的基础，就像有一个安稳的家才可以去外面拼搏。所以，找一个小国打一场胜仗。

那么，为什么要选择谭国？

因为管仲听说齐桓公逃亡到莒国的时候，路过谭国，这个国家的国君没有接待他，而且很瞧不起地说："轮也轮不到你当国君！"这种侮辱对于一位大国尊贵的国君来说，是一个污点，也影响国家的形象，所以，管仲需要把它清理干净。

其次，他也是在"献媚"齐桓公，齐桓公一直处在两次战败的阴影下，很不开心，管仲希望这个国君振作起来、高兴起来，才有精神去做事。

他对齐桓公说:"谭国有辱于君,当灭之,以张国威。"

齐桓公很高兴:"好啊!就把它灭了,以后谁敢惹我就是这个下场。"

《左传·庄公十年》记载:"齐侯之出也,过谭;谭不礼焉。及其入也,诸侯皆贺,谭又不至。冬,齐师灭谭,谭无礼也。"

这是为战争找到的一个合理的借口,任何战争都要打得名正言顺,才能够让天下的百姓不感到反感,不愤慨,顺民心就是顺天意,这就是管仲为外交要做的第一件事情。

谭国在齐国与莒国之间,是个小国,面积相当于一个县。齐国没用多少时间就攻下来了,而这个胜利也为齐国称霸天下的大门开了一个小小的缝,齐国的百姓也因此感觉国家潜在的勃勃生机。

四、竖刁与易牙

公元前683年秋,宋国发了大水,管仲跟齐桓公商议要不要去救助,宋国和齐国毕竟是几十年的同盟兄弟,而且,鲁国为了交好宋国已经去救助过了,齐国当然不能坐视不管。

齐桓公直接把他叫到房间里,对这些问题基本上是一句话:"仲父决定。"

管仲得到指示,走出齐桓公的房间。在走廊,他看到两个人在窃窃私语,管仲打量了一下,感觉这两个人形态猥琐,目光阴冷，没有磊落的气质。

管仲心想，这两个人是什么角色？居然能在齐桓公的房间里自由出入。后来，管仲打听到了。一个是齐桓公身边的侍者，是个宦官，叫竖刁；另一个是个厨子，宫里掌勺的大厨，叫易牙。这两个人都不可小看，是宫里的权贵，混到这个地位也是使尽心计和权术。

就说竖刁这个人吧，他小的时候不甘心平庸地过苦日子，看到宫里的人很有权力，就想混到里面去发展。他先是做了一个倒水站班的童子，但根本见不到齐桓公几次，没有机会拍马屁升官，还是等于没有门路发财。

后来他发现宫里急招宦官，那时候，很少有人自愿去干这种职业，于是，他狠下心把自己阉割了，去做宦官。齐桓公听说有这么一个人自愿牺牲自己来侍奉他，很高兴，就把他带在身边，这个竖刁很会拍马屁，立刻就成了国君身边的红人。

另一个易牙更狠，他原本学了一些手艺，也想出人头地，就进宫做了厨子。在宫里做厨子，正正经经地干，要升官是很难的，他熬不住，于是用上了心计。

一次，齐桓公的老婆卫姬不舒服，他看准了机会，做了一些能治病的食物给卫姬，卫姬吃了之后，病就好了。于是，就经常吃他做的食物，而且在齐桓公面前经常夸奖他。可是，他觉得这还不够，他想得到齐桓公本人的欢心。

机会又来了，一次，吃饭的时候，齐桓公无聊地问他："你做了那么久的厨子，知不知道人肉是什么味道？"

他就把这句话记在心里，回去做了一盘很鲜嫩的肉，拿过来给齐桓公吃。

"好吃！什么肉啊？"

易牙跪拜说："人肉！"

齐桓公一惊，马上问他："人肉？真的假的？哪里来的人肉？"易牙就哭着说："是臣三岁的儿子，臣知道主公想吃人肉，就把他宰了！"

都是够狠的角色，齐桓公重用贤人，也宠信佞人，他可真是细大不捐，来者不拒啊。管仲隐隐感到一丝不祥的气息。

不过，庆幸的是齐桓公并不是商朝的纣王，这个国君虽然有像妲己一样的美女，也有一群内宫的小人，但孰轻孰重他还是分得清的。

从公元前 685 年到公元前 656 年，管仲开始长达三十年的苦心经营，使齐国称霸天下，亲手将齐桓公扶上春秋首霸的位子，这是他人生的最辉煌的第三个阶段。

第
三
章

宏图初展

一、杏坛会盟

齐桓公在管仲、鲍叔等人的辅佐下，励精图治，齐国的各项事业蒸蒸日上，迅速从战乱中恢复了过来。经过五年的悉心治理，齐国的综合国力有了大幅度的提升。东方大国再展雄姿！

这个时候周王室衰微，天下混战不休，整个中华大地成了一个大战场，打来打去无非为两样东西：一是土地，二是人口。在这场抢夺土地和人口的混战中，齐桓公扮演什么角色呢？裁判。

西周刚开始分封时，周天子是天下纷争的裁判，诸侯国之间如果有什么争执，发生什么纠纷都由周天子终审裁决。现在周天子衰落，有名无实，大家有什么问题也不到他那里理论了，周天子的终审裁判权受到了挑战。针对这种情况管仲给齐桓公出了个主意：你要想称霸天下，就要充分利用周天子这一丰富资源。毕竟，周天子还是天下共主，你要帮他重新夺回终审裁判权。周天子行使不了这项权力，你可以代他行使嘛！

管仲这一招被齐桓公高度浓缩后成为他拓展霸主业务的口号：尊王攘夷。

齐桓公的理由很高尚，也很动听，既能让齐国的百姓知道自己打仗是为了伸张正义，又能让周天子明白齐国征伐是为了维护正义，还能让不明真相的其他诸侯清楚齐国打仗为的是天下苍生，齐桓公和他祖上一样是大周王朝的擎天白玉柱，架海紫金梁！

　　齐桓公之所以提出这么一个口号，理论依据是周公姬旦起草、周成王姬诵签署的一份文件。这份文件规定：齐太公姜子牙忠心国事，劳苦功高。将来若有哪一个诸侯国敢闹事儿，不履行分封合同规定的义务，他老人家有权力发兵征讨，以保证分封合同能够依法履行！

　　齐桓公就拿着这么一份几百年前的"过期文件"，开始以大周朝裁判员的身份，凭借强大的经济、军事实力到处"伸张正义"，四处攻伐征讨！

　　按照管仲的部署，第一步算是小试牛刀。怎么个小试法？召集诸侯，那时候叫盟会。

　　"周王室这个招牌，不用白不用。这样，宋国不是发生战乱了吗？公子御说虽然登基，但那是暴力对抗的结果，在法理上不成立。如今，我们可以组织一次诸侯大会，请周王室出面，正式册封公子御说为宋国国君。这样，王室得到尊重，会感谢我们；宋国政府得到承认，也会感激我们，而我们自然就成了天下诸侯的首领了，今后奉天子以令诸侯也就是水到渠成的事情了。"

　　"高，实在是高。"所有人都说好。

　　事情基本上在管仲的意料之中，周厘王很高兴还能有诸侯这样尊重中央政府，立即答应了妹夫的请求，派专员前往。

　　宋桓公也高兴啊，这样一来，自己名正言顺了，还有组织可以依靠。

公元前 681 年，诸侯大会在齐国的北杏（今山东省东阿）召开，管仲特地布置了会场，整个会场没有军队，连带刀的都没有，显示齐桓公对各路诸侯平等相待的态度。

宋桓公第一个到，他很高兴，当面向齐桓公致谢。

之后，陆陆续续到了陈宣公、蔡哀侯和邾子克。

问题来了，鲁国、郑国、卫国等实力较强地位较高的诸侯都没有给面子，竟然一家也没有来。

齐桓公有些恼火，感觉有些没面子。

"仲父，您看，来的诸侯这么少，是不是改期算了？"

"主公，第一次盟会，能有这么多也算不错了，俗话说，三人为众，何况我们如今有五家诸侯呢？咱们这次先把架子搭起来就算是成功了。"管仲也觉得没面子，不过这也在他的意料之中。

第一次诸侯大会就这样召开了，周王的特使当场册封宋御说为宋国国君。随后，与会各国进行了诚挚而热烈的会谈。

东道主齐桓公建议成立诸侯盟会，以便今后在盟主的领导下，一致对外，共同发展，为整个大周朝的繁荣做出自己的贡献。与会各国纷纷表示同意，并一致推举齐桓公为盟主。至此，第一届诸侯大会取得了空前的成功。

会后的大会宣言是这样的："某年月日，齐小白、宋御说、陈杵臼、蔡献舞、邾克，以天子命，会于北杏，共奖王室，济弱扶倾。有败约者，列国共征之。"

大家宣誓之后，盟主齐桓公提出了一个组织工作的目标："鲁国、郑国、卫国、曹国等国家，藐视王室，不敬兄弟国家，竟然无故不请假不来赴会，不教训他们不足以平民愤。各位盟友，希望大家携起手来，讨伐他们。怎么样？各位请表态。"

好处还没得到，先要出兵了。

与会各国纷纷表示愿意跟从齐国，讨伐无道国家。管仲很高兴，到目前为止，一切顺利。

但是，他没有想到，有人要临阵脱逃了。

宋桓公回到驿馆，他有些闷闷不乐。

"主公，王室的任命都有了，为何面带不悦？"随行的大夫戴叔皮问道。

宋桓公说："没面子啊。你看来的这些国家，都是些小国，跟我们能够平起平坐的鲁国、郑国这些国家都没来。我们的爵位本来比齐国还高一级，如今反而做他们的跟班，你说我心里能舒服吗？"戴叔皮说："换了谁，都会有点不舒服。"

"嗨，不就还有两天吗，忍忍吧。"

"两天？这就要起兵打鲁国、郑国了，你说，咱们跟不跟着去？""我看，如果齐国真的把鲁国、郑国都给征服了，他们就真是霸主了，他们称霸，对咱们没有好处啊。我看，干脆，咱们跑了算了。咱们跑了，盟会基本也就算完蛋了。"戴叔皮出了个逃跑的主意。

宋桓公一听，好啊，三十六计走为上，这个主意好啊。

第二天天还没亮，宋桓公悄悄起床，带着随从，跑了。

"跑了？这次开会就是为了他，他赚了便宜就跑了，什么东西！"

齐桓公气得吐血。

管仲也很生气，眼看大会就要成功了，谁知这最后一个晚上出了问题。

齐桓公一怒之下，把主管军队的王子成父叫来，让他去追宋桓公。

管仲摆摆手说，算了，那样影响不好。他说："要称霸，就要以德服人。这次会盟，来的都是小国，鲁国、郑国、卫国都没有来。所以宋国才心生轻视。这次宋国逃跑，多半也是看鲁国没来，所以才有这个胆量。"

"你的意思是要讨伐鲁国？"

"对，不过还要等几个月，这一次，我亲自领军。"

二、曹刿劫持桓公

公元前 681 年，齐国再次讨伐鲁国。管仲亲率战车七百乘讨伐鲁国，齐桓公亲自坐镇，王子成父为先锋。齐军以摧枯拉朽之势，三战皆捷，一举夺下汶阳。

鲁国一看这个架势，也只好全国动员，六百乘战车伺候。鲁庄公亲自压阵，鲁军的将领，就是当初在长勺打败齐军的曹刿。

双方在鲁国的附庸国遂国相遇，王子成父与曹刿大战三场，结果曹刿三战皆败，狼狈逃回，连遂地也丢了。然后，齐国大军长驱直入，开进鲁国腹地。

鲁庄公赶忙请来施伯和曹刿商量对策。

"主公啊，管仲这个人我了解，他不是那种把人往死路上逼的人。想当初他们在鲁国避难的时候，主公对他也不错。再说了，鲁国和齐国是亲戚啊，四年前还给他们主婚呢。依我看，既然我们打不过，干脆跟他们和平谈判吧，谈判才是出路。"施伯的主意是谈判。

"曹刿，你看呢？"

"能谈判当然最好。"曹刿也支持。

于是齐桓公答应了鲁国的请求，令齐国部队在柯地（今山东省东阿）驻扎，同时派人去请鲁庄公赴盟。管仲指挥军士，连夜筑起土坛。坛基夯土三尺高，基座三十尺见方，正面立台阶三级；坛上设香案草席；选二十名精壮士卒，环立于台上。一切准备就绪，只待鲁庄公来临。

谈判怎么谈呢？鲁庄公心里一点儿底也没有。连吃败仗的将军曹刿进来，看见他愁眉苦脸的样子，就说："带我去会盟吧。"

鲁庄公心想，你一个败军之将，去又能怎么样呢？还不是割地求和。嘴上却说："好吧，你就跟着我吧。"

中午的阳光很强烈。齐桓公高坐在土坛之上，远远看见鲁国讲和的人来了，赶紧起身，下坛迎接。

按辈分，齐桓公是鲁庄公的舅舅。两人手挽着手走上土坛，分宾主坐定。管仲相陪，曹刿在庄公后面侍立。寒暄的话儿还没说，一件令所有人目瞪口呆的事情发生了。

就在齐桓公屁股还没坐稳的当口，就见一团黑影倏然扑向齐桓公，待众人醒过神来，发现曹刿已经挟持了齐桓公，一把锋利的匕首，距齐桓公的脖子不到三寸，锃亮的刀身在阳光下发着耀眼的寒光。

齐桓公做梦也没有想到鲁国人会来这一手。慌得连话也说不出来了。

还是管仲反应快。他一边示意守卫不要轻举妄动，一边疾声问曹刿："曹将军，你这是何意？"

鲁庄公这时早已吓得面如土色，他连声呵斥曹刿。曹刿将匕首略微晃了晃，引起全场一片惊呼。随即曹刿向管仲道："没别的意思，就是想要齐国归还以前夺去的土地。"

管仲看了看曹刿，那种宁为玉碎，不为瓦全的眼神坚定无比。

于是管仲朝齐桓公挤挤眼，意思是说你赶紧答应吧，转念一想，让齐桓公说这话有点丢份儿。他灵机一动，含糊地说了一句："同意。"也不知道是他同意，还是齐桓公同意。

这时齐桓公也回过神了，跟着说："同意。"

曹刿将匕首撤开一些，对齐桓公说："那就请您和我国君主盟誓吧。"

于是，在匕首的威逼之下，齐桓公签订了第一个也是最后一个不平等的屈辱协议，将刚刚到手的鲁国土地全数归还给了鲁国。

拿到按了齐桓公手印的合同，曹刿才扔掉匕首，将合同呈给鲁庄公，然后端然肃立，仿佛一切都没有发生过。

齐桓公太窝火了，他想发作，却发现管仲一个劲儿地向他示意。齐桓公只好压住怒火，让会盟按原程序进行。

回国的路上，管仲知道齐桓公的思想上还有解不开的疙瘩，就对他讲了这样一番话：任何人在被挟持的情况下，都会不可避免地被迫接受，当初周文王被囚羑里的时候，也要您的祖先姜太公去拿礼物赎回，今天您这样做，天下诸侯不会笑话您；可是，如果回过头来背信弃义，将许诺归还的土地不给人家，而且还要杀掉人家的话，那可就大大不妥了。这样做，您得到的不过是一点儿报复的快感和几块微薄的土地而已，失掉的，可是万千百姓的信任和天下诸侯的援助啊！

听了这话，齐桓公的眉头才算舒展开来，其实他倒并不是在乎那几块土地，只是觉得身为大国之君竟然被挟持，面子上很是过不去而已。

回国不久，鲁庄公就发来了热情洋溢的感谢信，信中对齐桓公的大度守信赞赏有加，说"要盟可犯，而桓公不欺。曹子可仇，而桓公不怨，桓公之信著乎天下，自柯之盟始焉"，鲁国已经把这一美好行为载入史册，并从此与齐国世代友好下去。

齐桓公的虚荣心得到了极大满足。

消息传出去，天下诸侯反响强烈。上一次缺席第一届诸侯大会的卫国和曹国急忙派遣特使到齐国，就缺席一事进行了解释和道歉，同时表达了愿意加入会盟，在盟主齐桓公的领导下，随时为天下和平贡献力量。

"仲父，现在怎么办？"齐桓公挺高兴，问管仲。

"趁热打铁，讨伐宋国。"

"以什么名义？"

"破坏会盟章程，破坏安定团结。"

齐国要攻打宋国的消息传出去了，各国纷纷发表声明，支持齐国讨伐宋国，陈国和曹国还表示要派兵协同齐军行动。

讨伐宋国，管仲决定还是先把周王室搬出来。齐国使臣前往周王室，通报宋国破坏会盟的罪行，如今齐国准备为周王室讨伐宋国，希望王室派出一支象征性部队参与联合国军事行动。

"没问题，单蔑，你辛苦一趟。"周厘王连宋国究竟破坏了哪一条章程都没问，直接派了大夫单蔑，拨给战车五十乘，参与联军的行动。

于是，管仲率领大军先行，并会合了单蔑和陈、曹两国军队，齐桓公随后也出发了。

三、高人宁戚

在北杏会盟时，宋国自认为是一等诸侯，有些看不起齐国，竟然提前退席。这让齐桓公很没面子，遂决定出兵宋国，以示惩罚。

　　齐军走到半路，看到一个放牛人，此人就是宁戚，只见他悠闲自得，还唱着歌，大意是说现在世道不平，长夜漫漫。齐桓公心想，齐国在我的统治下国势强盛，百姓安居乐业，怎么能说是长夜漫漫呢？就让人把他带过来。宁戚见了齐桓公依然傲慢无比，象征性地拱了拱手。齐桓公说："我大齐国，天下太平，万象更新，你怎么这么唱呢？"宁戚回答道："我唱的句句属实。你说你齐国百姓安居乐业，你又为盟主，攻无不克，战无不胜，其他诸侯国没有不听你的，但我觉得你言过其实。我知道你当国君之时，险些丧命，与鲁国交战，又被曹刿打得大败而归。你说你是盟主，可那次会盟只有四个国家前来参加，后来宋国又悄悄溜走，通知与会的其他十来个诸侯国都没有参加。还有那次柯地盟约，你被曹刿拔剑相劫，不得已交出汶阳，你又怎么能说你的命令其他诸侯言听计从呢？"

　　齐桓公大怒，下令把宁戚绑起来斩了。而宁戚却丝毫不怕，反而大笑起来，说道："别人都说齐桓公开明，礼贤下士，而且度量大，今日一见并非如此，与昔日的夏桀、商纣一样，是一个昏庸、滥杀无辜的暴君。管仲还要我投奔这样的人，管仲也是没有远见之人啊！"

　　齐桓公冷静了一下，心想：此人绝非凡人，不然管仲怎么会推荐他呢。于是忙叫人将宁戚带回，齐桓公亲自松绑，边松绑边说："先生莫怪罪，我只是想试试先生的胆量，今日一见，先生果然胆识过人。"宁戚从怀中拿出了管仲的信，对齐桓公说："主公，我并非真正辱骂您，如果您是昏君，我宁戚还会在此等候多时，投奔于您吗？我只是试试您的气量。"

齐桓公觉得宁戚果然有胆有识，于是与宁戚谈论起天下事，宁戚的分析深刻、明晰，很有道理，深得齐桓公赞赏，所以齐桓公决定重用他，就拜宁戚为大夫，为他准备了一辆车，一起前去攻打宋国。

这一日，齐桓公率兵到达宋国边界，与管仲和陈国、曹国的军队会合。齐桓公准备下令攻城，宁戚却劝阻道："主公，我们不能轻易出兵，我们大军抵达宋国边界，宋国不敢放肆，我们应先礼后兵，看宋国能不能心悦诚服地归附我们。如果他们不归附我们，我们再发兵也不迟啊！"齐桓公觉得很有道理，这时有的大臣说道："宋国对我齐国首先无礼，无视我大齐，跟他还讲什么礼不礼的，干脆攻打他算了，如果找人去劝说，劝说不成再攻打，恐怕那时宋国已做好了应敌准备。"宁戚说道："我大齐军队远道而宋，宋国早已知道，不在乎这一时片刻，如果他不归附，一定早已想好了对策。另外，我大齐霸业初成，别人无礼，我亦无礼，岂不是一丘之貉？这样，其他诸侯国也不会心悦诚服地归附我们。"

于是齐桓公派宁戚前去说服。这时，宋国正在商议对付齐国的办法，准备和齐国生死一拼，忽听有人报："齐国使臣宁戚来见！"

宋公不知宁戚是何许人也，也从没有听说过宁戚这个名字。大臣戴叔皮对宋公说道："宁戚原本是卫国人，一个放牛的，在路上骂了几句齐桓公，齐桓公反而觉得他有才能，后来拜他为大夫，他到我们这里来，一定是说客。"宋公问道："我们怎么办？"戴叔皮答道："我们到时候看他怎么说，如果有不妥之处，我就扯一下主公的衣服，主公就命人将他拿下。"

宁戚目不斜视，昂首上殿，对两边的武士根本没放在眼里。见到了宋公，宁戚不卑不亢地拱了拱手，对宋公说："报告宋公一个不幸的消息，宋国已大难临头了。"一句话说得宋公目瞪口呆，那副盛气凌人的样子一下子就没了。他知道自己有些失态，赶紧故作镇定地说："何出此语，我宋国乃一等公爵国。"

宁戚笑了笑说道："宋国是一等公爵国，但是并不强大，宋公不礼贤下士，有才能的人不想辅佐您，天下百姓也不归附您，这岂不是大难临头吗？今大齐兵强马壮，与宋国有隙，大军浩浩荡荡在外安营扎寨，准备随时攻打宋国，宋国岂不危险吗？"

这时，戴叔皮早已忍无可忍，扯了一下宋公的衣服，而宋公认为宁戚说得很有道理，不但没有下令杀宁戚，反而走下座位，走到宁戚面前，给宁戚看座。这可把戴叔皮气坏了，可没有办法，君不下令，臣不敢妄动，而两边的武士也都像泄了气的皮球，原来紧握剑柄的手也松开了。

宋公满脸赔笑地问道："大齐国军队压境，我宋国应如何应战？"宁戚答曰："齐强宋弱，不可硬拼，那样做，不仅黎民百姓受罪，而且宋国国力受损。不如和齐国订立盟约。齐国本次出兵也并非想与宋国为敌，而是奉了周天子的命令。如果宋国主动议和，齐国一定会撤兵。到那时，百姓一定会为此而感激您，您的威望一定会加强，天下贤士也一定会投奔您，您也可以借此良机发展国力，强大军队。"

宋公听了宁戚的话，觉得非常有道理，于是备了厚礼去见齐桓公。齐桓公非常高兴，没有动用武力就迫使宋公心悦诚服地订立了盟约。

齐桓公把宋国送的厚礼全都转给了周天子。周天子觉得齐桓公深明大义，眼中有周天子的地位，十分高兴，又奖赏了齐桓公。而其他诸侯国也觉得齐桓公不计私利，值得信赖。

宁戚不辱使命，凭借三寸不烂之舌说服了宋国，使齐国没费一兵一卒就达到了目的。

公元前 679 年，齐桓公接受卫国的邀请，与卫国、宋国、陈国和郑国在卫国的鄄城召开大会。会上，齐桓公被推为盟主，称霸诸侯的愿望，终于得以实现了。这不能不归功于那次与鲁国会盟的优良表现。

现在，齐国背靠大海，东莱夷族已经臣服，南面的郯国已平，西面的鲁国成了友好邻邦，隔着鲁国的宋国、卫国、郑国也都与齐国亲善，这样，在黄河与淮河之间的广大中原地区，已经没有了敌人。当初管仲定下的"安抚四邻"的怀柔政策，在很大程度上已经实现了。

四、文姜回娘家

长时间的征讨之后，齐桓公在管仲的建议下，休整军队，补充粮草，准备第二轮的征程。

齐桓公问管仲："此次休养生息至何时？"

管仲凝思了一下，没有直接回答他的话，而是说："清明时节，自然是祭奠祖先，思念亲人，主公还有一个姐姐文姜在鲁国，多年疏于联络了吧？"

齐桓公不知他葫芦里卖的什么药。

管仲说："不如让文姜夫人归宁，姐弟相见，互通齐鲁两国的感情，使天下人皆知齐国重情，一举两得。"

"好！"齐桓公心里暗暗佩服，管仲肚子里的主意就是多。

《左传·庄公十五年》载："夏，夫人姜氏如齐。"

文姜这次踏进齐国国都的城门，距离上次已经时隔十五年。

已近黄昏，街巷起了炊烟，一辆马车停在了相国府门口，下来一个婀娜多姿的妇人——竟是文姜。文姜的突然来访让管仲有点惊讶。

管仲亲自去门口迎接，他把文姜请了进来，文姜赞叹了几句他的相国府："这么华丽的府宅也只有称霸中原的仲父才配，仲父之名早已威震诸侯。"

管仲和文姜第一次正式见面是在鲁国，文姜对管仲的霸业是极有帮助的，本来管仲应该奉承她一番，现在反而她在奉承管仲，管仲心里就有了底。

"徒有虚名而已，管仲皆为主公的霸业，人臣尽责。"管仲推辞了几句。

文姜叹惜道："可惜，当初我儿姬同（鲁庄公的名字）没有留用你，以致失去了中原霸业，险毁仲父，忐忑不安。"文姜这话算是为当年的事道歉。

管仲一笑："天意如此，鲁侯何须忐忑？"

文姜看管仲一笑了之，心情忽然松弛了下来，欲吐肺腑之言。

"齐侯欲霸天下，鲁国乃齐国近邻，然而，吾儿自小温顺，意志不定，恐被小人耸言，得罪上国。"文姜的语气变得很温和，能够感觉到完全出自一个母亲的关爱之情。

管仲听出其中的意思，文姜这是想先要个人情，要块"免死金牌"，免得日后真的发生什么意外，齐国对鲁国下狠手。管仲不好去拒绝她，就回答："夫人何出此言，齐鲁是一家人，哪有自家人打自家人的。"

"多谢仲父一语提醒，是我多虑了。"

她站起身来，告辞。出了门口，要登上车的时候，又好像有什么要说，回头看了一下管仲，止住了，坐进了车中，缓缓地离开。

当年倾国倾城的文姜，此时头发已经花白了。管仲看着她远去，叹了口气。

五、遂国事件

齐桓公梦寐以求的霸主地位终于得到了，但他作为盟主的威信却远远没有树立起来，霸主地位极不稳固。国与国之间的新仇旧恨、宿怨嫌隙，并没有完全解开。一旦遇到重大事件，众诸侯仍各行其是，并没有把他这个盟主放在眼中。于是冲突迭起，战乱此起彼伏，天下无一时太平，可谓风雨飘摇无静处。

郑国位于中原腹地，国家实力不是太大，疆域也不是很广阔，最善于见风使舵，左右逢源。

郑厉公虽说参与了会盟，但郑国却虎瘦雄心在，内心对齐桓公不服。郑厉公比齐桓公年纪大，听其任意调遣本就心里不舒服，又想起他父亲郑庄公的辉煌业绩，郑国国君世代为周王朝的上卿，冠冕列国，威服诸侯，那是何等的荣耀！现在却要唯齐桓公马首是瞻，心有不甘，于是与齐国有了离心倾向。并开始与南边的楚国结交，欲与齐国抗衡。

齐桓公大怒，正欲兴兵伐郑，却又后院起火，发生了遂国事件。

公元前681年齐国在北杏与宋、陈、蔡、邾四国会盟，之后伐鲁时占领了小国遂，并派士卒戍守。后来，遂人趁齐国没工夫管他们，乘机发难，国内因氏、颌氏、工娄氏、须遂氏等四大姓族不堪忍受齐人戍卒的欺凌，以美酒佳肴为饵，将戍守士卒灌醉，全部杀死。

齐桓公本来因为郑国的事情刚刚消气，一听到这个消息，如同晴天霹雳，气得快吐血，他发誓要屠城。

这几天，管仲就没有敢出门，为什么呢？门口堵了很多人，齐国的百姓要求管仲帮他们报仇，因为被遂国屠杀的那些士兵是他们的亲人，他们想要个说法。那边，齐桓公摔个瓶罐要屠城，为那些死难的弟兄报仇，百姓也群情激愤要把那些人全部杀了。怎么办呢？管仲奉行的是仁义外交，屠城是绝无仅有的残忍行为，如果那么做了，以后更加没有人会信服他的仁义外交。

这些还在其次。遂国的因氏、颌氏、工娄氏、须遂氏四个家族的人为什么有胆量屠杀齐国军队，以他们那么小的实力不怕齐国报复吗？他们背后必然有人主使，做后盾。谁呢？很有可能是鲁国，遂国原来就是鲁国的附属国，鲁国里有些人不甘心自己的地盘让齐国抢去，所以，暗地里趁齐国休兵之际教唆遂国的人这么做。如果齐国贸然出兵攻打遂国，鲁国出来横插一杠，到时候，齐鲁两国的关系也将破裂，中原局势就会像堤坝决口般泛滥。

事件发生几天后，管仲首先通告各国关于此事的来龙去脉，向百姓表示立即处理此事，然后，力劝齐桓公，万万不可屠城。可是，不杀人怎么可能解开百姓心中的怨恨呢？如果不死一人而告终，百姓只会觉得国家软弱，他们是看不到，也不会去管你的什么政策，他们是很纯朴的：有仇报仇，有怨报怨。

最后，商议出来的结论是屠杀参与事件的遂国四族。

夏天，齐国大军重新攻占遂国，在火辣的太阳底下屠杀了遂国因氏、颌氏、工娄氏、须遂氏四个家族上千人，同样血流成河，遂族人的鲜血渗入齐国人的血河中，这种做法是在警示那些敢于反抗的人，但是，这种手段是像此后秦始皇时期使用的，并不适合管仲的政策。

接下来，就是把那些死难的齐国士兵的遗体运回来，四匹马拉的战车排成了长龙，飘着白色的旗帜，哀泣声连绵不绝。百姓们在痛苦地哭泣，失去亲人使他们在这种混战的年代里更加悲伤和绝望。

其实，现在最痛苦、最悲伤的是管仲，他在政治上丢了郑国的局势，整个中原的大半局面在短时间内崩溃了，等于自己白忙了一场。而且，一下子死了那么多兵士，百姓产生了怨恨，又屠杀了遂国的上千号人，遂国人也在心中怨恨他，相当于"内忧外患"。

在这个时候，管仲为齐国写了一张公告，也算是自责。他写着写着，泪水盈眶，滴在了绢帛上，化成一团微微透明的水花。

管仲反省自己的称霸战略。在一个天下分封、以周天子为共主的时代，兼并他国真是难啊。齐国只是吞并了那么一个小国，就遭受如此惨痛的代价，可想当时人们的本土意识还是很强的，也再次证明吞并天下在当时几乎是不可能的事情。

其次就是人心。管仲看到，无论诸侯还是百姓，很多都是口服心不服的，这样的人随时会变脸，随时会反击。而管仲要的不是这个，他要的是人心，"仁义"争取的对象就是人心，使人们团结在一个核心当中，而吞并战略的对象是土地，它们是截然不同的。

刚刚平定了遂国之乱，周王室又闹腾起来。

原来，公元前 676 年，周僖王驾崩，太子姬阆即位，为周惠王。周惠王二年，朝廷便暴发内乱。周惠王求助于郑国。郑厉公派出大军对叛乱者进行血腥镇压，很快平定内乱。部分作乱者逃亡到卫国，在卫国的协助下拥立公子颓为周王，与周惠王抗衡。卫国还派遣大军攻打周室朝廷。至此，郑、卫两个大国，一家帮助周惠王，一家扶植公子颓，争战不休，结下了新怨。

自北杏会盟以来，一直与齐国交好的陈国也不平静。陈宣公以蓄意谋反罪杀了公子御寇。与公子御寇关系密切的公子敬仲受到株连，只身逃往齐国。公子敬仲的贤德博得齐桓公的赏识。齐桓公便从中斡旋，欲使双方合好，陈宣公不允。齐桓公便将公子敬仲留在齐国为官，由此而得罪了陈国。齐、陈两国也存下了芥蒂。

齐国国内也并不安宁，北戎、东戎趁齐军四处征伐不服之国，国内空虚之机，不断袭扰齐国边境，杀人放火，抢掠财物，捉走男丁、女人，闹得人心惶惶。

整个天下，并不因有了盟约而稍有安定。齐桓公在管仲的辅佐下，不急不躁，打着周王室旗号，或施之于德，或施之于武，或德武兼用，四处征伐，八方安抚。先后平定了北戎、东戎，解除了后顾之忧；又兼并了不驯服的纪、郕、徐等若干个小诸侯国，齐国国势更加强盛。

六、幽地会盟

公元前670年秋天，鲁庄公娶哀姜，齐鲁两国再添联姻之好，盟约更加巩固。齐桓公、鲁庄公二位颇有作为的国君，集两个大国的军队，联手征伐不服之国，威势大振。这才渐渐地收服天下，连最不驯服的郑国也见齐国势大，开始真心实意地考虑结盟之事了。

此时，郑厉公突已死，郑文公即位。最初，郑文公对于是否与齐国结盟之事举棋不定。这也是大国之君惯有的一种矛盾心理：如主动请求结盟，齐人肯定以为郑国人胆小如鼠，而小觑了郑国，郑国到底也是个曾称雄一时的大国啊！如不请盟，齐侯对郑国背盟与楚国交好一事耿耿于怀，决不会善罢甘休，有朝一日势必兴师问罪。如果大军骤至，郑国国势不振，兵无斗志，无力抗拒齐军乃至诸侯联军，除了请降之外别无他路。如若被逼走投无路而屈辱请降，还不如现今请盟……

郑文公正在左右为难之际，齐国使臣到来，送来齐桓公的一封信。郑文公不知何意，忐忑不安地展开来看，却原来是一封表示修好的书信。郑文公见信中言辞恳切，有理有节，字里行间没有一丝一毫盛气凌人的霸气，确实表现出一副中原盟主的风范。郑文公大为感叹，对群臣道："素闻齐侯心胸博大，更有满腹韬略的管仲辅佐，将齐国治理得有声有色，颇有称霸天下的气势。今日只见这信，便可窥见全豹，确是非同凡响。郑国此时不与齐国结盟，更待何时！"当即修书一封，让齐使带回，表示深怀结盟之心。

齐桓公得到郑国愿意结盟的消息，非常高兴，当晚摆下酒宴，与管仲、鲍叔、隰朋好好庆祝了一下。几个人正喝着酒，有陈国的信送到，陈宣公也表示愿重修旧好。

齐桓公大悦，道："寡人今日双喜临门啊！"管仲等人纷纷向他道贺。

君臣几人当即商定，当年夏天在幽地会盟诸侯。此时的齐桓公，已非北杏会盟时的齐桓公了。他经过千锤百炼，又耳濡目染地受着管仲的影响，处理内政、外事都越发老练、达观了。

对于会盟的地点，管仲认为，不要设在齐国的土地上，选在宋国为好，就在幽地吧。

齐桓公本来想借机展示一下齐国的兵威，听管仲这么一说，就问为什么。

管仲说："这次会盟与宋国无关，但仪式选在宋地举行，宋君是东道主，必定参加会盟。可借此机会调解郑、宋两国的新仇旧怨。"齐桓公连连说好，又问道："爱卿以为，当约请哪几个诸侯国？”

管仲略一思索，道：“约请鲁、陈、宋、郑四国诸侯可矣。”

桓公问：“陈、宋、郑三国参加，是理所当然之事，为何要约请与会盟毫无关系的鲁国呢？”

管仲道：“之所以请鲁国参加，则是因为现今齐、鲁两国关系亲善。那三国之君多反复无常，请来鲁侯也算是做个见证人吧。”

齐桓公赞道：“还是爱卿想得周到。会盟之事就这么定了！”

君臣的心沟通了，行起事来更加顺利、快捷。公元前667年，在幽地的会盟果然十分简洁，只有齐、鲁、陈、宋、郑五国。齐是主盟国，郑、陈是请盟国，宋是东道主，鲁为见证国。

这次会盟参与的国家虽不多，但意义绝非往昔的会盟可比。这次才是既不凭借王命，又没有大军威逼，是真正意义上的结盟。五国君侯谈笑风生，席间觥筹交错，管弦丝竹，气氛融洽，总之是一次成功的大会。

正当各国诸侯在酒筵上皆大欢喜、其乐融融之时，竖刁进来向齐桓公禀报道：“大王，天子陛下使臣召伯廖到了。”

齐桓公大为惊讶，扫视了众君侯一眼，忙道：“快请！快请！”

管仲站起身来，将周室上卿召伯廖迎进帐来。召伯廖上前拜见各君侯。

齐桓公见周室使臣乍然而至，不知发生了什么事，脸上本来带着些许的惶惑和不安，但见召伯廖进来时一脸的喜悦之色，立时放下心来，问召伯廖道："本公召集中原诸侯会盟，以示修好，天子陛下可有旨意？"

召伯廖解下书简，向齐桓公施礼道："特来向大王报喜。"

"噢？喜从何来？"齐桓公忙问。

召伯廖道："天子陛下赐名您为'方伯'，继承太公的职位，并执掌对天下诸侯的征伐大权。这还不可喜可贺嘛！"

"啊！"齐桓公一听，顿时喜形于色，眼睛大放异彩。

众君侯也一齐看向齐桓公，纷纷道贺，但目光中更多的还是羡慕。

齐桓公立即命重新设筵，留下各国君侯一并盛情招待召伯廖。席间，气氛更加喜庆了。

齐桓公打着"尊王"的旗号，足足折腾了十几年，"盟主"称号也叫得滥了，这却是首次获得周王室正式承认。到今日方称得上是上应天时，下顺民心，四野归服，整个黄河下游地区的大小诸侯国，在齐国"尊王"旗帜下，结成了一个庞大的集团。齐桓公也才真正成为名副其实的中原霸主。

当然，这大多是管仲的功劳！

七、讨伐卫国

幽地会盟后，齐桓公仍陶醉在喜悦之中，对管仲及众文武道："我等君臣呕心沥血，苦苦拼搏十数载，今日方可称之为大功告成！这都是众位爱卿的辅佐之功啊！从今往后，寡人终于可以松一口气啦！"

众臣也都个个面露喜色，称颂赞美之色不绝，只有管仲脸上没有丝毫喜悦的表情。桓公诧异地问道："如此大喜之事，仲父为何不悦？"

管仲神色严肃地说道："听闻惠王天子十分精明，决非庸君。而这样的有为之君，怎么会平白无故把讨伐天下诸侯的大权拱手送与大王呢？臣百思不得其解，故此喜不起来。"

"嗨！寡人以为是什么了不起的事，害得仲父闷闷不乐呢！"桓公不以为然道，"这怎么会是平白无故地送与寡人的呢！从兴霸大业开始之日起，寡人就用的是仲父的策略，打着'尊王'的旗号，确确实实给周王室增辉不少。比之以前被众诸侯视作敝履一般撇在一边不理不睬，周室朝廷现在的处境比之以前，不是有天渊之别嘛！寡人身为中原盟主多年，还不该有讨伐不服的权力嘛！"

管仲笑道："大王的中原盟主当然给周室朝廷增辉不少。但大王您明白，微臣等明白，而周王天子并殿前诸位大臣也一定会明白，齐国不过是一种托辞，并非真的要'尊王'啊！"

齐桓公听罢管仲所言，突然放声大笑起来，道："这都是拜仲父所赐嘛！难道还要寡人真的尊王不成！"

"当然不会了！"管仲也笑道，"但，既然大王您要利用周王室，周王天子就送个顺水人情来了。不过，微臣断定，周王天子一定会有新的'谕旨'接二连三地飞来！"

齐桓公正对管仲所言将信将疑之时，忽有侍从来报，说天子陛下的使臣单伯到了。桓公一听，瞅着管仲愕然道："果如仲父所言，真的来了！"

单伯进殿拜见桓公。

齐桓公命赐座。待单伯坐下后，蹙眉问道："召伯廖大夫前脚刚刚离去，单大夫后脚就到了，莫非又带来了天子陛下新的谕旨？"

单伯道："正是。天子陛下请大王您代他征讨卫国。"

齐桓公惊异地问："为何？"

单伯道："当初陛下刚刚即位时，王室内乱迭起，卫惠公曾援助忤逆公子颓，与陛下抗衡。过去整整十年了，卫国也没有得到应有的惩罚。这事成了陛下的一块心病，一想起来就食不甘味，夜难成寐。遍观天下诸侯，只有大王您一心一意地尊崇王室，所以只有请您代为惩治卫国了！"

齐桓公一边听一边心里暗道："这周惠王也太小家子气了吧，十年了，还耿耿于怀，非要旧怨重提！"

其实不然。周惠王初立之时，公子颓及其同党发动的篡位叛乱，虽然一时得手，但很快就被平息了。公子颓等逃到了卫国，得到卫惠公短时的庇护。叛乱并没有形成气候，也没有对周惠王的地位构成多大威胁。再说，当时在位的卫惠公已死，现在是卫懿公在位，根本用不着再去小题大做。周惠王之所以有此谕旨，只不过是想试探一下齐桓公口中说得那么悦耳动听的"尊王"是否为真，也乘机试一下自己这个堂堂天子陛下是否还有权威。

听单伯说完，齐桓公看了一眼管仲，见管仲向他点头示意，便明白了，对单伯道："请大夫回禀陛下，小白不才，当亲率大军讨伐卫国，为天子陛下雪恨！"

送走了单伯，齐桓公看着管仲，心悦诚服地赞道："仲父真乃神人也！"

翌年（公元前666年）春，齐桓公准备伐卫国。

齐桓公与管仲商讨，问道："此番讨伐卫国，邀哪一国诸侯之兵为好？"

管仲却一反常态，说道："大王不是一直要显示一下齐国的兵威吗？伐卫正是时机。"

齐桓公疑道："怎么？仲父莫非要齐军一家去讨伐卫国？"

"正是！"管仲胸有成竹道，"臣已打探属实，卫懿公乃是个平庸之君，平时只知吃喝玩乐，整日耽于酒色。有其君，必有其将，卫军必然不堪一击，齐军足可以一举踏平卫国！"

齐桓公闻言大喜，当即点齐精兵八千，兵车五百辆，亲自率领出征讨伐卫国。这是齐桓公称霸以来，第一次真正遵照周天子的谕旨，讨伐不驯服的诸侯。卫懿公于公元前668年刚刚即位，时间还不到两年，没有经过大风大浪，尚不知道齐军的厉害，听说齐桓公亲率大军犯境，不问青红皂白，昏头昏脑地率军应战。

结果，犹如鸡蛋碰石头，两军刚一交锋，卫军即溃败。齐桓公率大军乘胜追杀，直逼城下，隰朋大声宣读周天子的讨伐谕旨，数落卫国罪状时，卫懿公方才猛醒，明白了为何受到讨伐，便大呼冤屈，他认为那些事都是先君卫惠公干下的，与他没有丝毫干系。于是，备下五车金银玉帛，命长公子开方送到齐军大营，请求讲和、免罪和入盟。

齐桓公问管仲："仲父以为，此事该当如何处置？"

管仲道："周王朝有制度，本人有罪不牵累子孙。卫国既然愿意遵从王命，加入盟约，应该答应他们的请求为是。"

"好。"齐桓公点头答允，"就依仲父之见。"

齐桓公接受了卫国的讲和，一面派使臣向周惠王报捷，一面准备班师回国。

齐桓公从公元前679年后开始正式称霸，在长达十三年的时间里，会盟诸侯，德、武并举，东征西讨，建立并巩固了兴霸大业。这一时期，由于全面实行管仲制定的内政外事策略，兴霸事业蒸蒸日上。到周惠王十年的幽地会盟，周王赐号，以王师伐卫大胜，终于大功告成，一统中原。

就在齐国大军离开卫国前，出现了一个插曲。插曲虽小，后果却很严重，直接影响齐国未来国政的兴衰，不得不提一下。

原来，卫懿公的长公子开方眼见齐国的强大、齐桓公的威风，十分眼红，于是恳求齐桓公带他到齐国，赐给他一个小小的官职。

管仲并不熟悉这位公子，便亲自叫来询问道："你是卫公的长子，论次序当继承卫国君位，为何舍弃一国之君不当，却要抛离家乡，跑到别的国家去做一个臣子呢？"

开方回答道："盟主是天下最贤明的君侯，开方如能够执鞭随镫侍奉左右，那就太荣幸了，当一个小国的国君有什么滋味儿？"

开方回答着管仲的问话，眼睛却温情脉脉地望着齐桓公，一副献媚的神态。管仲听了他的话，便知此人是个是非之人，便想劝说齐桓公拒绝带他回齐国。但此时的齐桓公由于一连串的胜利，早已飘飘然，听到开方的赞美之词，不由得眉开眼笑，当即答应了开方的请求。

管仲还没来得及劝说，见齐桓公已经允诺，当着众人的面，再难启齿，只是紧蹙眉头，叹息一声，心中暗想："大王身边已有竖刁、易牙两个阴险刁钻小人，现今又多了一个媚气十足的开方。如不早加防范，齐国江山恐怕要败在这三人手上了。"

齐桓公将开方带回齐国，拜为大夫。由于开方善言词、有心机，没多久便与竖刁、易牙打得火热，并受到齐桓公和众位娘娘的宠爱，齐人称之为内宫"三贵"。有管仲在，这"三贵"不敢造次。等到管仲一死，便开始兴风作浪，把个好端端的齐国江山，折腾得乌烟瘴气，从盛极走向衰落。

第四章

尊王攘夷

一、讨伐山戎

自公元前 667 年幽地会盟以后，黄河下游地区各诸侯国出现了一个相对安定的时期，大大减少了诸侯间的仇杀争战，各国也很少出现内乱。黎民百姓在饱经战争之苦以后，终于可以安居乐业，休养生息了。

齐桓公的霸业日趋稳固，再也用不着在中原诸侯国中东征西伐了。由于解除了后顾之忧，在管仲的精心谋划下，开始了兴霸的又一伟业——攘夷。

管仲提出首先要讨伐以中原诸侯为敌的狄、戎、夷族，而齐桓公则想讨伐楚国，君臣二人再次意见相左。

齐桓公急欲伐楚自有他的道理。

原来就在齐桓公征伐中原、建立霸业之时，另一个强硬的对手——楚国也正在悄悄崛起。楚成王任用子文为令尹，改革政制，治兵重武，任贤用能，经过几年的治理，楚国逐渐强盛起来，越发狂傲不羁，不再向周王室进贡寸物，并常常露出觊觎中原的野心。

此时，齐桓公的兴霸大志早已不仅仅局限于中原。南有强楚与之抗衡，齐桓公总感到霸王之位受到威胁，他这个中原盟主做得也不舒坦。

这一天，他对管仲说道："中原盟约诸侯国中，独有郑国最为反复无常，为何？就因为郑国与楚国毗邻。有强楚在后掣肘，才使郑国总是不敢放开手脚加入中原盟约，与齐国交好。因此，寡人想乘气势正盛，联合中原诸侯大军，远征楚国，一举挖掉这块心病。仲父以为如何？"

管仲对此早有深谋远虑，听了齐桓公的话，便回答道："楚在荆襄之地称王，疆土广大，国势强盛，早就不把周天子和您这位中原盟主放在眼里。现在又任用子文执掌国家大政，越发势不可当。如要征讨楚国，绝不会如对付中原诸侯那样，或凭周天子一道谕旨，或派一舌辩之士进行游说，或大军压境，就可以制服的。大王以为，远征楚国有必胜的把握吗？"

"必胜的把握嘛，倒是没有。"齐桓公坦率地回答。

管仲严肃地说道："大王要在这乱世中站稳脚跟，每一战事都必须做到运筹于帷幄之中，决胜于千里之外方可。大王既然尚未有必胜的把握，怎敢轻率地深入虎穴，去捋楚国这只猛虎的胡须！"

"但我一个堂堂的中原盟主，总不能知难而退吧？"齐桓公蹙眉说道，"再者，他楚国是一只猛虎，我不可以做一个打虎英雄吗？仲父不是常说，谋事在人，成事在天吗？怎么今日反倒缩手缩脚起来！"

管仲道："可事尚未谋，天又怎会庇佑大王成功！"

这句话大概过于刺激，齐桓公的脸上现出不悦之色，低着头默默无语。

管仲暗道："不好，可不能把事情弄僵了。"想到此，他立刻转换了一种委婉的口吻说道："大王想想，多年的煎熬，才换来盟主之位的稳固，诸侯心悦诚服，黎民百姓也安居乐业，再也不想战争了，只想平平静静地享几年太平日子。在这人心思安之时，如果不是发生关乎某一盟国兴衰存亡的大事，而轻易兴师动众，劳民伤财尚是小事，恐怕还会再次失去诸侯的拥戴。人心一失，再想收回来就难上加难了。"

他见齐桓公脸色转缓，续道："依臣看来，现今最为稳妥的做法，当为树立权威，广积德义，继续富国强兵。至于伐楚，那是迟早之事，必须坐等良机，不出兵便罢，一出兵必胜！"

齐桓公低着头仍不说话。自管仲入相以来，辅佐他治理齐国，齐国政纪肃然，秩序有条；征伐诸侯，所向披靡，诸侯归服；统领大军，驰骋中原，傲视天下；出谋划策，神机妙算，百无一失。天长日久，管仲在他的心目中已占据至关重要的位置，否则他以堂堂的大国之君、天下盟主身份，怎会口口声声"仲父"长、"仲父"短地叫着呢？所以他虽急于伐楚，在管仲面前却没有坚持己见。管仲的一席话，说动了他的心，但他仍不想服软，看了一眼管仲，以半是赞同半是牢骚的口吻说道："好吧，既然你仲父认为此时伐楚不合时宜，那就等吧。只怕要等到寡人头发花白，身躯臃肿之日再去对付楚国了！"

管仲微笑道："不会的。今日臣说句狂话，总有一天，臣一定要让楚国臣服大王！"

桓公道："好。寡人记住仲父这句话了！"

中原之大，祸患之多，是不会让齐桓公这个"盟主"消闲下去的。就在伐楚举棋不定时，燕国的使臣到了，带来了一个惊人的消息：夷族山戎连连侵袭，燕国危急！

燕国使者当然是来搬救兵的。

齐桓公远征南方楚国未成，又见北地燕国前来告急，斗勇好胜之心陡起。他本想立即答应派兵救燕，又不知管仲是何想法，便先召管仲商量。

齐桓公说了燕国势危之事，问道："仲父以为，此事该当如何处置？"

管仲断然道："讨伐山戎，救助燕国！"

齐桓公一听管仲所言，大惑不解，愕然问道："寡人欲讨伐楚国，仲父以为楚国路途遥远，伐楚必劳民伤财，无功而返。现在却又赞同征伐山戎，山戎不也同样路途遥远吗？赞同讨伐山戎而却不赞同伐楚，是何道理？"

管仲微笑说："当今天下，南楚、西狄、北戎（即山戎），都是周王朝乃至中原的祸患，也是齐国的强敌。大王既身为中原盟主，当为天下铲除三害。"

"是啊。"齐桓公接言道，"楚国不也是三害之一吗？"

"楚国是三害之一，"管仲回答道，"但做任何事情都要分清轻重缓急。楚国国势强大，甲兵数万，兵车数千辆，大王远讨强楚，势必两败俱伤，即使侥幸胜楚，也会使齐国元气大伤。到那时，能够维系中原安定已很不易，狄、戎再乘机作乱，更是无能为力了。由此可见，此时伐楚有百害而无一利。"

"那讨伐山戎救燕呢？"

"讨伐山戎则又不同。"管仲答道，"山戎之所以猖獗一时，正是大王连年将心血用于中原，无力顾及北方，才养虎为患。此时齐国军队经过养精蓄锐，士气正盛。即使山戎按兵不动，大王都要征伐，更何况其侵扰燕国。正可乘机出师，一举将这股祸水清除掉。再者，燕国与齐国皆同属周室朝廷，现今有夷族侵犯燕国，大王乃是中原盟主，焉能袖手旁观！能救而不救，若燕国有失，岂不大大折损了大王的威望！"

齐桓公又问："可大军讨伐山戎，楚国乘机侵犯中原怎么办？"

管仲道："楚国虽然强悍，但要进取中原，必须跨越郑国、宋国这两道屏障。现今郑国、宋国新与大王结盟，楚国一时无法图谋中原。大王可放心北征，如能收复山戎，则既解除了北方的后顾之忧，又能添一强燕成为盟国。到那时，大王或南征楚国，或西讨狄夷，都将无忧无虑，随心所欲，天下无人能敌。这就是之所以能伐山戎，而不能伐楚的道理啊！"

但齐桓公绝不是一个人云亦云的君主，听了管仲细致入微的分析，仍心存疑虑，又问道："燕国远居北地，寡人和仲父对燕国和山戎却是一无所知啊！寡人听说，为祸燕国的除了山戎之外，还有冷支、孤竹两个夷族小国，其骁勇善战，举世闻名。齐军如征讨山戎，耳不明、目不清，仲父又怎能断定会一举平定山戎呢？"

管仲微微一笑，胸有成竹地道："不是微臣口吐狂言，山戎的一举一动尽在臣的掌握之中。"见齐桓公投过来惊异的目光，管仲便将山戎的习俗、特点和袭扰燕国的情况一一道来，竟是如数家珍。

原来，燕国都城为蓟，它的北部紧靠山戎部落。山戎人剽悍骁勇，能骑善射。但他们自己不从事耕田种粟，而是靠围猎、抢掠为生。抢掠目标便是燕国东北部地区。

山戎人人都善骑马，每次南下，不光抢掠粮食、财物，甚至连青年男女也一并抢去，男人被迫做苦役，女人则被迫成为山戎男人的妻妾。燕国东北部百姓被骚扰得苦不堪言。

燕庄公屡屡派兵截杀，可山戎人路熟马快，忽而旋风般骤至，忽而潮水般隐去，飘忽不定，行踪诡谲。往往是燕军听到示警匆忙赶去时，山戎人早已不见踪影，更别说剿灭了。燕军刚刚撤去，山戎马嘶人吼，复来袭掠。燕庄公百般无奈，也曾试着命大军进至山戎的巢穴清剿，但山戎左有冷支国，右有孤竹国，三方互为掎角。且该地区山高林深，地势险要，能攻宜守。山戎又常将抢劫到的财物、女人送与冷支、孤竹为礼。三家关系甚为密切，一有风吹草动，互相策应。所以进剿的燕军常常有去无回。由于长期受其劫掠，燕人闻戎变色，成人常以"山戎"来吓唬三尺顽童。

管仲说到这里，见齐桓公听得目瞪口呆，又给他打气道："不过，大王不必担忧，夷戎虽然强悍，在臣看来，却不过是一群乌合之众，只要齐国大军一到，必作鸟兽散……"

齐桓公之所以吃惊，并非是因为听到山戎的强悍和凶残，而是因为管仲对山戎行动之熟悉。在齐桓公看来，管仲为相后，跟他南征北战，几乎寸步不离，竟将远在北地的山戎了解得如此透彻，真是不可思议。他忍不住问管仲："仲父自拜相后，一直紧随在寡人身侧，从未到过北地，却怎么会对远燕和夷戎的争战如此了如指掌呢？莫非仲父真是神人？"

管仲微微一笑道："此事并非微臣所能，臣更不是什么神人。所以做到这一点，却是因为大王善识人，肯任贤啊！"

齐桓公越发困惑，问："这和寡人又有何关系？"

管仲道："大王难道忘记了吗？当初正是您派遣大夫晏尚长驻燕国的！晏尚临行之时，臣曾有过吩咐，要他身在异地，切切不可参与燕国的任何政事，只暗中观察燕国和山戎的一举一动，做一个不惹人注意的闲客。有了晏尚，燕国和戎夷的举动，自然尽在微臣掌握之中了。"

齐桓公听了，不由得感叹道："仲父这才真正叫作运筹于帷幄之中，决胜于千里之外呢！真是寡人的魂魄啊！"

公元前663年冬春之交，齐桓公按照管仲的谋划，不征召别国诸侯的一兵一卒，只率齐国精锐之师开始了远征戎夷的壮举。

大军晓行夜宿，数日后到达济水。济水是齐、鲁两国的交界处。鲁庄公听说齐桓公出征讨伐山戎，亲自率众迎到济水来为齐军壮行，并献上牛羊和大军应用物品，犒劳齐军。

齐桓公见鲁庄公亲自前来，脸上顿添光彩，向鲁侯深表谢意。他向鲁庄公细述了燕国求救之事。鲁庄公慷慨陈词道："君侯亲率大军救助燕国，剪除外寇，鲁国也同样受益啊！山戎猖獗之时，也时常南下袭扰鲁国的北部疆界，祸害百姓。齐国有此壮举，鲁国也绝不会袖手旁观，君侯如若需要，寡人也愿率鲁军助一臂之力。"

齐桓公大为感动，但想到齐国精锐之师如果连一个小小的山戎也平定不下，何以威服天下诸侯？他正要婉言谢绝，管仲却早已抢上一步，向鲁庄公稽首施礼，客客气气地说道："山戎虽小，却极其凶狠强悍，且远居北地，道路崎岖，地势险峻，又有冷支、孤竹两国为援，很难平定。我家大王原不敢惊动大王您的大驾，但大王既然有此美意，如若拒绝，却显得对大王有失恭敬。大王果有诚意，齐军愿在前与戎夷厮杀，鲁军可做后应，以壮中原大军的声势。"

鲁庄公听后脸色微变，显然是对管仲这番话表示不快，但是他有言在先，无法反悔，只好点了点头，沉声道："如此甚好，鲁军必当效劳。"

齐桓公与鲁庄公拱手相别，率大军继续北行。

路上，齐桓公问管仲："大军出发前，仲父曾说，此次征伐山戎，只靠齐军就足够了，却为何又答应鲁侯为后援？"

管仲微笑道："以鲁侯的老谋深算，自然知悉大王这次远征，不欲惊动别国诸侯，于是才有了这番话。依臣看来，鲁侯决非出自真诚，而只不过是一番客套，做一个空头人情罢了。如果大王拒绝，鲁国不动一兵一卒，齐国也算欠了鲁国的人情。如若顺势答应，鲁侯却是有苦难言；如若按兵不动，则是他有负于大王。他对大王有了负疚之意，日后大王再与鲁侯共事，就可进可退，更加应付自如。同样的事情，却有不同的结果，大王何乐而不为！"

齐桓公恍然大悟，感叹道："真是人心叵测啊！"

齐军到达燕国之时，山戎连续践踏燕国已达两月有余，抢掠走了大量粮食、财物、牲畜，更掳走年轻男女不计其数，燕国东北部已是一片荒凉。

齐国大军刚到，山戎人便闻到风声，呼啦啦席卷而去。没有厮杀交锋，燕国的危机便已解除。

二、深入不毛

齐桓公率大军进至蓟门关，燕庄公率众迎接。燕庄公感谢齐桓公以盟主之尊，亲率大军解燕国之危，设下盛筵为齐桓公接风洗尘。

席间，燕庄公在千恩万谢之余，不时地流露出忧虑之情。

燕庄公的表情变化自然逃不过管仲的眼睛。管仲也当然明白燕庄公之所以忧心忡忡，是因为燕国危机虽暂时解除，但山戎毫发未损，齐国大军一旦撤走，山戎人自会越发凶狂，复来骚扰。齐军虽然势大，却不能长住燕国，所谓远水不解近渴，也是无可奈何！这是三尺孩童也明白的道理，燕公如何不忧！

于是，管仲瞅了瞅齐桓公，点头示意，方对燕庄公道："外臣管仲见大王时时面露忧色，莫非还有什么难言之隐？大王但说无妨，燕国如有所难，只要齐国力所能及之事，必当倾力相助。"

燕庄公见管仲一眼看穿他的心事，不由得苦笑一声，吞吞吐吐地道："管相国果然目光锐利，寡人确有担忧之事。戎夷虽然退走，但并未丝毫受损。齐军一旦撤离，燕国……"燕庄公终归也是个大国之君，过分求助于齐国的话实在难以启齿，所以话说到半截儿，又吞咽了回去，只是无奈地摇着头。

管仲点了点头，表示明白了燕庄公未尽之言，而后慨然说道："大王请放心，我家大王亲率大军到此，并非来游山玩水。而是早已定下雄心，此次进兵必将扫平戎夷，以绝燕国后患。"

齐桓公自然明白了管仲的示意，也随声附和道："是啊，戎夷近在咫尺，可以朝出暮归，对燕国一日骚扰一次。可燕、齐两国路途遥远，齐国即使一年出兵一次，也是不可能之事。所以，寡人既然来了，决不能无功而返。否则岂不使戎夷以为中原无人，越发猖獗了吗？"

燕庄公一听齐国君臣均做出重诺，大喜，久久悬着的心顿时放了下来，连连称谢，道："果真如此，那可实在是燕国百姓之福啊！齐国的大恩大德，燕国永世不忘！"他说着，变成了歉疚的口吻："寡人身为燕国国君，不能励精图治，富国强兵，以使燕国的百姓免遭戎夷骚扰之苦，深感惭愧。在这关乎燕国存亡的危急之时，寡人愿率燕国军队为前锋，以减轻齐军的重负。"

齐桓公见燕庄公十分诚恳，便安慰他道："燕军屡屡和山戎厮杀，已经损伤很重，寡人如何忍心让他们再去打头阵？"

燕庄公摇头，坚定地道："不！齐国士卒为了燕国，舍家抛业，千里迢迢来到北地争战厮杀，我若是坐在后面观望等待，既对不起君侯和齐军，也无颜面对燕国百姓！"

齐桓公不再说话，却向管仲示意。

管仲点点头，对燕庄公道："大王果然心诚，燕军就作为后军吧，既可壮大声势，又可随时为齐军后援。对付山戎蛮夷，声势越大越能奏效。有了熟知戎夷之情的燕军相助，必能将其一鼓荡平！"

燕庄公道："如此甚好。就依相国之见。"

燕国偏居北地，平素与中原诸侯交往甚少，但近几年来，燕国上下还是沸沸扬扬地传说着中原发生的大事。燕庄公也早已耳闻齐桓公和管仲乃是天下少见的明君贤相。齐桓公重用管仲，才治国强兵，兴霸中原。今日一见，果然非同凡响。尚未与戎夷交锋，只是听了管仲的一席话，可谓胜负已判。还有齐桓公的大度，管仲的睿智，鲍叔、隰朋、宾须无、王子成父、仲孙湫等一干文臣武将的气势以及大军的威严肃整，无一不让他深为折服。

燕庄公深感惭愧自己同为一国之君，却强国无方，抗夷乏力。同时，又暗自庆幸有强齐相助，燕国的安宁终于有望。于是殷勤敬酒，与齐桓公开怀畅饮。

管仲对燕庄公道："还有一事相求，请大王相助。"燕庄公正喝得痛快，听了管仲的话一愣，忙问："相国欲求何事？寡人无有不允。"管仲道："大王您率燕军殿后，随时接应齐军。但齐军初来北地，人生地不熟，须请大王派遣一位熟知戎夷巢穴地形的将军率一小队人马作为向导。"

燕庄公一听，面露难色。沉吟良久，方道："不瞒相国说，寡人屡派燕军到戎地进剿，但多是有去无回。寡人也曾亲自讨伐，但见戎地山路崎岖，水道回还，时而山壁陡峭如削，时而深谷大雾弥漫，燕军进去，如陷入迷宫，别说剿灭山戎，能逃得出来就是万幸。不是寡人拒绝，燕将中委实没有可做向导之人。"

见管仲皱眉不语、十分为难的样子。庄公又道："不过，由燕国东去约八十里的地方，有一个叫无终的部落，虽也是山戎的一支，但部落首领却十分看不惯四处烧杀抢劫的强盗行为，不齿与袭扰燕国的同族为伍，反与我燕国交往甚厚，并时常往来。只有他们熟悉戎地的地形，相国如果不以他们是戎夷而担心，可请其作为向导。"

管仲一听转忧为喜，道："既与大王交好，一定是坦诚厚道的人，外臣岂有信不过之理！请大王快快派人去请。"燕庄公立时命人备下礼物，派遣一名大夫并带齐将隰朋一同前往无终部落。

无终部落的首领是一位仁厚长者，早已对其同族闹得天昏地暗、四邻不安的行径深恶痛绝，见燕、齐两国重礼来请，欣然答应，当即命头目虎儿斑率领五百骑兵前往助战，并作向导。

齐桓公在蓟城休兵数日，命虎儿斑率部下兵马为先行军，燕军为后军，自率齐军为中军，三路兵马向山戎部落进发。燕君请求与齐桓公同行，以便随时商讨征戎大事。齐桓公正想让他领略一下中原盟主的风采，便欣然答应，带他和管仲等自统中军。

齐、燕大军向东北行进二百余里，来到一个道路曲折、地势陡峻的险要去处。管仲问燕庄公到了何处。燕庄公向周围扫视一眼，道："此地名叫葵兹，是戎夷袭扰燕地的出入要道。"

管仲请齐桓公和燕庄公下车稍为歇息。他前前后后察看一番地形，对齐桓公和燕庄公道："此地道路狭窄，地势险要，宜守难攻。大军过后，戎夷有谋之士如若在此设下一支人马，就将断了齐燕联军的退路和粮草接应。到那时，联军虽众，也会不战自乱，任凭戎夷宰割，不得不防啊！"

燕庄公听了管仲的分析，不由得暗自惊叹，钦佩地说道："管相国真乃神人也！不瞒君侯和相国，寡人当初征讨戎夷未果，回军时正是在此地被断了退路，险些命丧荒野。寡人身边如有管相国这般足智多谋之人，戎夷安敢欺我！"

管仲听了赞美，一笑置之。他与齐桓公谋划一番，即传命齐军将粮草辎重大部分屯集此处，命鲍叔率部下人马驻守，务必保得齐、燕大军退路无忧，并兼负转运大军粮草和伤病士卒。

鲍叔极想随军厮杀，听管仲述说葵兹谷口之得失关乎大军的生死，便欣然受命。待管仲将一切安排停当后，齐桓公和燕庄公方率军继续进发。

山戎部落的首领名叫白芦花，是一个凶残狡诈的家伙，曾手持利斧一口气杀死燕国数十名俘虏，心肠之狠毒，手段之残忍，令杀人不眨眼的戎兵也为之咋舌。这次他率骑兵倾巢而出，深入燕国腹地数百里，恣意横行，连续抢掠七十余日，夺得粮食如山，金银珠宝成堆，美女无数。听得齐军一到，便撤回巢穴，他以为齐军不可能久驻，粮草用尽必然撤走。

这一日白芦花忽听齐国大军杀奔而来，顿时慌了手脚，召集众头目商讨对策。二首领花儿狐献计道："大哥不必惊恐，如果在燕国地方交锋，或许齐军有所作为。现在齐军既然远道来到我们的地盘，一路攀山越岭，绕谷涉水，必然疲惫不堪。我可在险要之处事先埋伏，趁其立足未稳，突然四面冲出，杀他个措手不及，必获大胜。"

白芦花大喜，命花儿狐率三千骑兵，见机行事。

花儿狐当即点齐三千兵马，在齐兵必经之路的山谷中三面埋伏，自领二百骑兵在谷口巡逻诱敌。

虎儿斑率本部五百骑兵先到。

虎儿斑是一个勇夫，只顾一味进兵，果然中了花儿狐的诱兵之计，被三千骑兵冲得七零八落，无终国骑兵自相践踏，死伤无数。虎儿斑奋勇厮杀，左冲右突，终于寡不敌众，坐骑也被乱兵刺伤倒地。虎儿斑眼看要被乱刀分尸，恰好齐桓公、管仲率大军赶到。管仲见情势紧急，来不及排兵布阵，让人快救虎儿斑。王子成父、宾须无、仲孙湫等大展神威，拍马冲进戎阵，一阵砍杀，杀散花儿狐的戎兵，救出了虎儿斑。

虎儿斑眼见自己精心操练的五百嫡亲精锐骑兵，顷刻间变成一群残兵败将，心中一阵凄楚，不由得暗自落泪。见到齐桓公时，更是低头掩面，无地自容。

齐桓公安慰虎儿斑："胜败乃兵家常事，将军无须自责，寡人定当替你报仇雪恨。"说完，命随从挑选了一匹良马送与虎儿斑为坐骑。虎儿斑感激涕零，雄心陡升，再三恳求齐桓公仍派他打头阵，以雪此恨。齐桓公嘉其神勇，欣然答应。

大军继续东行三十余里，到了伏龙山。

这时天色已晚，齐军在山上、山下安营扎寨，营寨周围用战车排列成围墙。管仲把王子成父和宾须无叫到跟前，伏耳低言，如此这般地嘱咐一番。二将点头，依计而去。管仲布置停当，方才安歇。

第二天清晨，白芦花向花儿狐俯耳低言，如此这般地嘱咐一番。花儿狐点点头，率领一支山戎军悄悄离去。白芦花亲率五千骑兵前来攻营。

管仲严令只准紧守营寨，不许接战，违令者斩！

山戎骑兵呜嗷怪叫着连连向齐营冲击，一直攻打到中午时分，齐军营寨仍坚如磐石，岿然不动。突然，阵前喊杀声沉寂了下来，山戎兵一个个解甲卸鞍，在草地上东倒西歪，有的在吃干粮，有的在指手画脚，有的大声谩骂齐兵孬种，不敢接战……

管仲始终站在高处，观望阵前动静。见戎兵攻杀正急，突然停住，队伍松散，斗志衰竭，显出不堪一击的样子，不由得嘿嘿冷笑，自言自语道："三尺小儿的把戏，又岂能骗得了管某！"

他转过身来，对站在旁边的虎儿斑道："将军报仇雪恨的机会到了！"他为虎儿斑补齐五百骑兵之数，命他下山冲杀戎兵。

虎儿斑见白芦花的山戎兵如此狂傲，早已气得青筋暴露，虎目圆睁，一接管仲命令，当即打开营门，率领人马呼啸着冲下山去。隰朋在旁却看出了情势不对，忙提醒管仲道："相国小心，恐怕是戎夷的诱兵之计。"

管仲望了隰朋一眼，赞许地道："将军所言极是，必是诱兵之计。"接着他冷笑一声，不屑地道："蛮夷的小小花招，又岂能瞒得过我？我正要将计就计，将军准备杀敌立功吧！"

隰朋不知管仲用何计策，但见管仲神色坦然，一副成竹在胸的样子，顿时放下心来，前往寨前巡视，准备出战。

虎儿斑率骑兵旋风般冲到白芦花阵前，白芦花率戎兵虚晃几个回合，便丢盔弃甲，争相逃窜。虎儿斑拍马追杀，就听到一声尖厉的呼哨，花儿狐率领伏兵从斜刺里杀了出来。白芦花骑着一匹高头大马，自以为得计，哈哈狂笑，长刀一挥，两路山戎兵顿时将虎儿斑围在核心。

虎儿斑正在危急之际，齐营中突然战鼓"咚咚咚"擂得震天响。

只见王子成父和宾须无各率一支人马仿佛从天而降，从两边山坡背后呼啦啦掩杀过来。

管仲令旗一挥，隰朋从正面山上率齐军潮水般冲了下来。几支人马又将白芦花和花儿狐的戎兵围在核心。戎兵虽然强悍，却哪里见过这等阵势，自以为是神兵天降，立时溃不成军，自相践踏，呼爹喊娘，纷纷夺路逃窜。齐军大开杀戒，直杀得戎兵尸横遍野，血流成河。

齐军大获全胜。

原来山戎利用伏兵之计，侥幸取胜一阵后，便有些忘乎所以，以为齐兵也不过徒有虚名。仗恃着地形复杂，再也不把齐军放在眼里，便仍想以诱兵之计将齐军引进埋伏圈，一举全歼。

岂料想强中自有强中手，活该白芦花遇上了足智多谋的管仲。齐军小折一阵之后，管仲便从燕庄公、虎儿斑口中探知，戎兵设伏作战乃是其惯用伎俩，常常使燕军防不胜防。于是，料知白芦花率戎兵取胜一阵之后，必定故伎重演。于是来个将计就计，以其人之道还治其人之身，以伏兵截杀戎夷的伏兵。当晚便命王子成父和宾须无各率一支人马埋伏于山坡背后，只闻击鼓声响，从两边杀出。此计果然奏效，白芦花手下戎兵死伤过半，再也不敢小觑齐军了。

白芦花遭到惨败后，尝到厉害，再也不敢正面与齐军交锋。

于是，凭借天险之利，占据了齐军继续前行的必由之路——黄台山谷口，以重兵固守，挖掘陷坑，在两边悬崖上准备下滚木礌石。可谓一夫当关，万夫莫进。齐兵到后，攻打数次，死伤无数士卒，黄台山谷口却岿然不动。

齐、燕大军上万之众，也是一筹莫展，难越雷池一步。

更为恶毒的是，山戎在濡水河上游筑坝断流，以切断齐、燕联军的水源。

伏龙山方圆数十里，没有山泉，没有水井，当地百姓长年累月全靠汲取濡水河的水饮用。水源一断，齐、燕大军顿时军心骚动，惶惶不安。

白芦花知道齐、燕联军水源已断，便令戎兵在黄台山山头泼水取乐，白花花的水在空中闪亮，被阳光照耀着现出七色彩虹，煞是壮丽。他们这一快活不打紧，却引得齐军更觉口干舌燥，一个个头晕眼花，浑身疲惫无力……

齐桓公眼见大军被困，愁绪满怀，召来管仲商讨如何解困。

一见管仲，齐桓公就愁容满面地问道："大军被阻，情势如何？"

管仲坦率地回答："必须设法尽快越过黄台山这道屏障，否则二日之内得不到水源，大军只能束手待毙。"

"那，下一步如何行动，仲父可有良策？"

"回禀大王，臣对此也正大伤脑筋呢。这不是在中原，更不是在齐国，对于地形、地势，对方兵力虚实，及至军队的士气，统军将领的作战特点容易摸得清，可以做到知彼知己，百战不殆。这是在生疏、荒僻的崇山峻岭，蛮夷之地，可谓处处陷阱，步步荆棘。不瞒大王说，眼下无论是如何越过黄台山，还是如何获水源，臣均无良策。"

齐桓公一听连足智多谋的管仲都一时束手无策，顿生退意，迟疑着问："仲父有否考虑暂时退兵？"

"没有考虑，也绝不能退兵！"管仲断然道。

"为何？"齐桓公的问话软绵绵的，显得底气很不足。

管仲神色严肃地说道："大王也知道，这不是一次平常的争战，失败了可以卷土重来。讨伐山戎的成败，将直接关系到兴霸大业的兴衰。因为'攘夷'是大王为兴霸打出的一面大旗。如果大王亲率这支驰骋中原的大军讨伐小小的山戎，却铩羽而归，恓恓惶惶回到中原，对周王天子和中原诸侯作何交代！大王还有何颜面称霸于天下！"

齐桓公忧虑地道："寡人也知道仲父说得对。可进又进不得，退又退不得，如之奈何！"

管仲豪气地道："有矛就有盾，只要功夫到了，任何难事都有解脱之法。大王尽可放心！二日之内，臣必想出解困妙策！"

齐桓公稍感欣慰，轻声道："那就拜托爱卿了！"

事关成败，管仲不敢有丝毫轻视。离开齐桓公后，立即找来虎儿斑，问道："你这位小头领在这儿土生土长，可知这黄台山能否绕道或攀缘过去？"

虎儿斑回答道："在下离此地很远，未曾试过。但曾听老人说过，此处和黄台山虽相距咫尺，但如绕道过去，必须攀过山高谷深的芝麻岭，大军最快也要数日方能到达，而且必须要有向导，否则，一旦迷路，大军再也绕不出来了。当年一支燕军就是在黄台山迷了路而全部葬身谷底。"

"嗯。"管仲面无表情地点点头，"你或你的部下，可有人能做向导？"

"没有。"虎儿斑摇摇头，"在下已经询问过了，无人识得此路。"

"好。你去吧。"管仲对虎儿斑道，"和你的士卒就地寻找水源。"

"是！"虎儿斑答应一声，匆匆离去。

管仲仍一筹莫展，看看太阳西斜，天色尚早，便带上隰朋和几名随从由侧旁潜入黄台山，欲探查出一条新路。

山上树木茂密，荆棘丛生，每走一步都很艰难，人马兵车又哪里过得去！寻觅半天，几个人的衣物都被荆棘撕扯得稀烂，却连个道路的影儿也没有找到。这时阳光已经落山，黄台山上变得一片昏黑，山风一吹，呜嗷呼啸，令人不寒而栗。隰朋小声道："仲父，看来无望啦，可不要迷了路呀。"

这时，他们发现一个当地农民，那人见大军至此，胆战心惊。经过沟通，才知他是燕人，被山戎掳掠至此已有数年。他答应给齐军带路。这时，大军还面临一个严重问题——缺水。此地异常干旱，掘地三尺也不见一点湿土，更别说有什么江河湖泊了。

管仲看着隰朋，叹道："向导有了，眼下只有水才是当务之急啊！"

"是啊。"隰朋点点头，"没有水，大军将寸步难行！"管仲略一沉吟，道："这事恐只有将军才能胜任，明早，你率部分士卒，带上礼物，到当地百姓中探问水源；同时，传出悬赏令，命士卒凿山取水，寻到水源者重赏百金。"

"是！"隰朋郑重回答，"在下一定设法找到水源！"

"那就拜托将军啦！"

翌日晨，士卒们为了重赏，更为了存活，忍着焦渴开始四处凿山。顿时，"咚、咚、咚"的凿石声响彻山谷。

管仲站在高埠，遥望凿山的士卒，脸上不动声色，但心中却是火烧火燎。到了中午时分，各路不时有消息传来，凿山取水一无所获。管仲的脸色变得更加凝重了。

傍晚时分，隰朋带回一个白须老者。老者看到漫山遍野的士卒凿水，轻轻摇了摇头，不以为然地一笑。管仲早已看在眼中，当即向老者躬身施礼，恭恭敬敬地道："大军饮水将尽，眼看就要渴死，您老人家可否教我取水之法？晚辈感激不尽！"

老者见管仲把实情相告，又有礼节，顿生好感，捋着花白的胡须道："蚂蚁虽小，却依水筑巢，寻找有蚁穴之处挖掘，自然可以得水。"

管仲惑道："在下也知道蚂蚁知水之说，可凿山一天，竟是没能找出一个蚁穴。难道这偌大一个伏龙山竟是没有蚂蚁，也没有水源？"

老者拈须微微一笑，道："将军只知其一，不知其二。蚂蚁冬日为了取暖，在阳坡挖穴；夏日为获阴凉，在阴坡筑巢。现在虽是春暖花开季节，但蚂蚁仍喜日光，尚未搬迁。现将军在阴坡扎寨凿山，便是把大山凿穿，恐怕也见不到一个水星儿啊！"

管仲恍然大悟，连声道谢，忙令士卒转过坡去寻找。果然寻得蚁穴数个，深深凿下去，泉水喷涌而出，味道清冽甘甜。大军顿时欢呼雀跃，士气大振。

管仲感叹不已，便带着老者来见齐桓公。

齐桓公听说依着老者的方法找到了泉水，大悦，看着那老者，由衷地赞道："老伯真是圣人啊！"

齐桓公命重赏老者。老者却不肯受赏，道："小老汉只想求恳大王一件事，如能答应，小老汉感谢不尽，胜过受赏百倍、千倍！"

齐桓公道："老伯请说，寡人无有不允。"

老者道："白芦花一伙人作恶多端，死不足惜，只恳求大王攻进部落后，只除首恶，不要伤害无辜。"

齐桓公满口应允，故意说道："寡人本欲荡平山戎部落，杀个鸡犬不留。今日看在老伯的金面，不伤及一个无辜就是了。"

老者谢过，告辞而去。

齐桓公一时高兴，赐名山泉为"圣泉"，赐名伏龙山为"龙泉山"。

白芦花派人打探齐军是否受到水困退走，得到的却是齐军水源充足的消息，不由得大惊失色，连呼："齐兵莫非真有神助！"

白芦花虽然心惊胆战，但从他的部落到此地，只有黄台山这一道险要去处了，此关一旦被攻破，便门户洞开，他的戎兵就只能被齐军任意宰割了。所以他别无良策，只能固守黄台山，等待齐军粮草不济，自行退军。

解决了向导和水源问题，管仲心中大感快慰，便从容设谋。

他命宾须无率一支人马，回葵兹搬取粮草；命隰朋率领一支人马由那个当地人带路，从芝麻岭翻山绕路直插戎夷侧后，并约定以六日为期，到第七日晨，听到擂鼓声杀出，夹攻戎夷；命王子成父率领一支人马轮番佯攻黄台山，以迷惑和疲怠白芦花之兵；又命虎儿斑率领麾下五百士卒，每人准备一囊，囊中装满沙土，以做备用。

转瞬间第六日到了。夜间，正巧西北大风起，直刮得飞沙走石，山呼林啸。管仲望天祝祷："真乃天助我也！"

他命虎儿斑的五百士卒三更造饭，五更出发，背着沙囊悄悄潜到谷口前面，将陷坑填平。再挑选两千精兵随后进发，埋伏在谷外的树林中。

第七日凌晨，大风渐歇。管仲命擂起战鼓。

"咚、咚、咚——"

齐营中顿时鼓声大作，喊杀声震天动地。

山戎兵的美梦被惊醒，白芦花听说齐军已攻杀进谷口，登时惊慌失措，马不及备鞍，人不及披甲，睡眼惺忪，率兵仓皇应战。仗着地形熟悉，山戎人马渐渐又占住有利地势。但立脚未稳，就听背后喊杀声起，一支齐军仿佛从天而降，从侧后冲杀过来。白芦花心胆俱裂，顿足长叹："老天啊老天，何以助齐兵，而亡我白芦花！"

白芦花见退路已被截断，知道再也回不到自己的老巢，遂不敢恋战，与花儿狐拼命杀开一条血路，率残军投奔孤竹国搬救兵去了。

这一战，白芦花戎兵折损十之七八。

齐军大获全胜，缴获大批马匹、器杖、帐幕和牛羊。在白芦花、花儿狐的老巢，更解救出燕国女子和被奴役的男丁不可胜数。

齐桓公、燕庄公率众来到山戎部落，齐桓公下严令："不许抢掠袭扰普通百姓，不准杀戮山戎降兵！违令者斩！"既表现了齐、燕联军为仁义之师，又报答了山戎老者解齐军水困的恩德。

三、远征孤竹

齐桓公、管仲从山戎降兵口中获悉：白芦花率残兵投奔孤竹国去了。君臣二人商量，既然孤竹、冷支两国助纣为虐，索性一不做二不休，扫平两国，以绝后患。于是决定齐军在山戎部落休兵三日，补充粮草、兵器，而后先征孤竹、后平冷支。

这里我们要介绍一点。孤竹人原为商先族旁支墨胎氏氏族，商部落迁回南下中原时，逐渐与部落联盟分离，开始独立生存。疆域在今天的滦河流域，辽宁葫芦岛、河北迁安一带。

孤竹国是这一带的大国，早在商朝时就建立了城郭。周武王时的名臣伯夷、叔齐，便是孤竹国人。齐桓公率齐、燕大军浩浩荡荡向孤竹国进发。一路上高山峻岭，怪石嶙峋，树林茂密，荆棘丛生。齐军攀山越岭，移动缓慢，宛若蜗牛爬行一般。从山戎部落向东南方向行一百余里，整整走了两天，方进入孤竹国的地方。

齐军渡过卑耳大河后，到了一座山下安营扎寨。齐桓公、燕庄公及管仲、隰朋、王子成父、仲孙湫、宾须无等一干人等和几十名随从爬上山来。齐桓公见山上林木葱茏，花草遍野，环境十分幽静，不由得赞道："好个修身养性的好去处！"

管仲道："此山唤作双子山。"

齐桓公问："双子有何寓意？"

管仲道："这里就是埋葬伯夷、叔齐遗骨的地方。"

齐桓公惑问："寡人知道伯夷、叔齐是商末周初重臣，却不知为何埋在此处？"

管仲道："大王有所不知，这伯夷、叔齐正是商末孤竹国国君的长子和次子，孤竹君偏爱次子叔齐，将君位传与叔齐。孤竹君死后，叔齐让位给伯夷，伯夷虽心中苦涩，可既有先君遗命，岂能违背！叔齐让之再三，伯夷坚不肯受。为逃避此事，伯夷便弃国而走，投奔周室。叔齐听说兄长外走，觉得对不起兄长，无心为君，便也抛却君位，随之投奔周室，与伯夷同为周臣。后来周武王讨伐残暴的商纣王，他兄弟二人极力反对。武王灭商后，二人更逃避到首阳山，不食周粟而亡。后来，孤竹人念二人忠义，将其遗骨迁移至此。由此，而称此山为双子山。"

"是吗？"齐桓公诧道，"没有想到，这深山老林的蛮夷之中还有这等事？虽然有点儿愚忠，不值得仿效，但终归算两个人物啊，看来寡人得对孤竹刮目相看啦！"

燕庄公道："既然到了此山，君侯何不前往拜祭一番，也可求得两位先贤的庇佑。"

齐桓公笑道："两位先贤若是在天有灵，恐怕也得先庇佑他们的孤竹子孙吧。"说得大伙儿都笑起来。

君臣一行数人边说边来到了伯夷、叔齐二贤人的墓前，轮番拜祭了一番。

正在这里，突然战鼓齐鸣，周围响起了一片喊杀之声。

众人大惊失色。

隰朋、王子成父、仲孙湫、宾须无并众随从赶紧拔出随身携带的兵刃，护住了齐桓公、燕庄公和管仲。

燕庄公神色慌张地看了一眼管仲，沮丧地说道："咳！到底还是中了孤竹人的奸计！我等性命休矣！"

这时，孤竹军已经包抄过来，大声呐喊："不准犯我孤竹！""活捉齐、燕二君！"边喊边一齐放箭。如果此时孤竹军掩杀过来，齐桓公等十数人只有束手就缚，成为孤竹人的阶下之囚。但奇怪的事情发生了，双方相距如此之近，那箭如飞蝗般飞来，却在离齐桓公等一干人前面约一丈远的地方纷纷落地。

管仲便知其中必有蹊跷，急命隰朋等护着二位君侯火速下山。

孤竹军也不追赶，只是摇旗呐喊一阵，便远远地去了。

这时山下大营中的齐军听到呐喊声，已赶来护驾。齐桓公等已跑得浑身大汗淋漓，见白捡了一条性命，皆大感庆幸。

齐桓公摸摸自己的脖子，戏道："这颗头颅还长在颈项上吗？"接着对管仲哈哈一笑道："这便是仲父所说的化干戈为玉帛吗？"

管仲却丝毫没有难为情的表情，沉思着说道："据臣所知，孤竹军个个骁勇善战，真要围杀我等，我等早已成了刀下之鬼，岂能如此便宜！看来孤竹军此番行动，似有示警之意。"

齐桓公惑问："为何要示警？"

管仲摇头道："臣也不知何意，只能走一步看一步了！"

齐桓公等人回到齐营，立即布置攻城。

翌日晨，齐国大军将旌旗招展的孤竹城四面包围，开始攻城。这时更奇怪的事情又发生了，孤竹城竟是一座空城，齐军不费吹灰之力就打开城门，浩浩荡荡地开进城来。

在城里，他们发现一个受伤的人，在地上呻吟，便把他带到齐桓公、管仲面前。

那人自称是孤竹国大将魁豹，因不忍看到孤竹国生灵涂炭，力劝国君与齐、燕修好，而受到责骂。北戎大将白芦花和花儿狐在旁极力撺掇孤竹国君，侮辱魁豹。他一时性起，挥剑杀了白芦花和花儿狐。但这一行为却惹恼了国君，被重重鞭笞，直到昏死过去。醒来才发现，城已空了，齐燕大军已到眼前。说罢，他拜伏在地，放声大哭。

齐桓公等人莫辨真假，一时不知如何是好。

那人又说，他知道国君有一座行宫，想必国君正躲在那里。他愿意带大军前往行宫，只求保全他国君的性命。听他拳拳之意，倒也不像假的。

管仲说，且让他带路，我们大军严加防范，料想不会有差。

齐军凌晨出发，向东北方向追赶了一天，却越走越荒凉，没有人烟，渐渐连鸟兽也不见了。眼看天色昏黑下来，只有茫茫的一片黄沙，哪里有什么行宫的影子！大军奔波一天，已是人困马乏，再也走不动了。

齐桓公想在此安营扎寨，却发现由于急促赶路，已进到了一片沙漠里。眼前天地一色，黄沙弥漫，已无法辨别方向，连个打桩拴绳支帐幕的地方也没有。这时又刮起了大风，风卷着黄沙呜嗷呼啸，令人毛骨悚然。

齐桓公被风沙吹打得晕头转向，忙问管仲到了什么地方。却见管仲正呆呆地凝望远方，似乎没听见他的问话。再让人去找魁豹，早就没有影儿了。

众人顿足道："大事不妙，中了魁豹的苦肉计啦！"

管仲懊悔地说："看到这滚滚黄沙，我才猛然记起，孤竹东北方有一个地方叫'旱海'，方圆数千里净是大漠黄沙。我们分明是陷入了'旱海'！"

这时，天色完全黑了下来，风越来越大，天气也越来越冷，士卒们又饥又渴又冷，有的已坚持不住，瑟瑟地倒下，顷刻间就要被沙子掩埋，士卒们只好你拉我扯，互相搀扶，抵挡着风沙。

齐桓公哪里受得了这般苦楚，深夜之时终于倒了下来，昏迷不醒。

管仲见齐桓公倒下，更加焦虑不安了，他虽然嗓子似冒火一般，但还是把自己仅存的一点儿水保留了下来，不时地喂给齐桓公喝。

管仲正在走投无路之时，突然，有一匹老马"咻咻"嘶鸣几声，晃晃欲倒，但它蹬了几下蹄子，支撑着身子缓慢地调转方向，方颓然倒地，眼睛却还在贪婪地瞪视着前方。

它发出的"咻咻"声渐渐衰弱，变成了哀鸣，在呜嗷怪叫的风中尤显凄厉。挣扎了一会儿，它头一歪，四蹄一蹬，一命呜呼。

管仲凝视着倒下的老马，突然想起一事，情不自禁地大叫一声："有办法啦！有办法啦！"齐桓公在昏迷中听到管仲的喊声，清醒过来，喃喃地问道："仲父有、有何办法？快、快——"

管仲兴奋地道："大王，臣记起来了，有书中记载：狗能记住三千里的路，猫能记住八千里的路，马更通灵，必具有记路的本领。军中有许多马是扫平山戎时补充进来的，又有无终国虎儿斑将军带来的马，都该熟悉这一带的道路。"

齐桓公一听，一下子清醒了许多。管仲赶忙又喂了他一口水。他沙哑着嗓子小声问道："果真如此，那就太好啦！请仲父赶快一试！"

这时，管仲同样既饥渴又疲惫，眼看就要支撑不住了。但他知道自己是齐桓公的"智囊"，更是全军的"灵魂"。在此千钧一发之际，别说倒下，只要稍稍露出惊恐之色，便会引起慌乱。在这茫茫荒漠之中，军心一失，大军顷刻土崩瓦解，到那时，即使神仙到此，也是无能为力了。于是，他咬紧牙关坚持着，脸上始终带着平静的神色。

其实管仲只隐约记得古书上曾有动物善记道路的记载，想到马的灵性更胜过猫狗，且从那匹老马倒地而亡前的动作、神态看，分明是挣扎着转向来路的方向，目光中更是充满着求生的欲望。这才使他猛然得到启示，让老马引大军走出沙漠。是否能成功，他心中却也无底。但眼看再过几个时辰，大军将困死大漠，无一幸免，别无良策，只有抓住这根稻草了。

正所谓"谋事在人，成事在天"，事已至此，管仲也只有听天由命了。

事不宜迟，管仲立即让隰朋、仲孙湫从齐国带来的马匹中挑选出几匹，又让虎儿斑从无终国和俘获山戎的马匹中挑选几匹，共十几匹老马。管仲命给老马卸去笼头，解开缰绳，放它们自由行走。

老马们本来已困乏得垂头弓腰，无力行走。突然获得自由，立时振作起来，仰起头"咴咴"嘶鸣几声，开始或左，或右，或前，或后，胡乱地转着圈子，渐渐地十几匹老马都朝向一个方向，迎着狂风飞沙，扬起了老蹄……

全军将士仿佛看到了救星，顿时齐声欢呼起来。

管仲命大军出发。士卒们紧紧跟在老马的后面，你搀着我，我扶着你，迈动着沉重的步子，不敢落下半步。

数千军士的生命，齐国的强盛，齐桓公的霸业，管仲的英名，乃至燕国今后的安宁等，犹如一根蛛丝，全都拴系于这十几匹老马身上了。

月黑天高，阴风森森。在黄沙弥漫的大漠之中，一队队的黑影，稀稀落落地向前移动，时而发出马嘶声和人的呻吟声。声声色色，倒也十分悲壮。

老马果然不负众望，齐军约从午夜时分出发，到五更天时，东方渐渐放亮，风息沙平，依稀可见路旁有了稀疏的荒草和灌木丛。

士卒看到了希望，脚下越发加快。再往前行不多远，逐渐可见到树木越来越多，更可听到野兽呼唤、鸟雀啼鸣了。大军终于看到一个山湖，湖水碧波荡漾，清澈透明。士卒齐声欢呼着奔向湖水。管仲这才如释重负，长长地嘘了一口气。

从此，"老马识途"的美谈，流传千古。

最终，大军找到了孤竹国贵族们的藏身之处。国君妠伯和魁豹见齐桓公他们竟然能走出"旱海"，叹服不已，认为他们必有神助。他们表示，孤竹本是商族旧邦，现在愿与中原霸主齐国结盟。

当天，大军回到孤竹的都城。齐桓公将孤竹君引见给燕庄公。燕庄公听了事情的经过，也是感叹不已。

当晚，孤竹君大摆酒筵，招待齐国君臣。席间欢声笑语，甚是融洽。

席间，众将纷纷向齐桓公举杯祝贺。孤竹君臣更是赞颂不绝。齐桓公被恭维得飘飘然，如入云间。燕庄公虽然觉得有些面上无光，但齐军终归帮助燕国平定夷戎，也是感激不尽。

管仲虽在饮酒，但仍在思索着如何征服冷支。他举起酒盅向孤竹君敬酒道："大王大勇、大义、大智，使百姓免除刀兵之灾，并从此与燕、齐修好，永为睦邻，臣不胜钦佩。但不知大王与冷支君交情如何，可否修书一封，并派能言善辩之士前往冷支，劝导冷支君仿效大王您，化干戈为玉帛，与燕、齐修好，以免杀伐之后再遗留后患，亦不失为一桩美事。不知大王意下如何？"

齐桓公、燕庄公一听管仲的话，期待的目光一齐投向孤竹君。

孤竹君却苦着脸摇头道："不瞒两位大王和相国，在齐军到达孤竹之前，我便与冷支君多次书信、使臣来往，力劝冷支君不要受山戎白芦花、花儿狐的蛊惑和挑拨，与齐、燕讲和，永修睦邻。但冷支君十分狂傲无理，大骂本公软骨头，并将书简投入火中焚烧，把孤竹使臣的耳朵割去，扬言从此与孤竹绝交。所以，这事要让管相国失望了。"

管仲听了，一时默然不语。

齐桓公听了却大为恼火，慨然道："在寡人的眼里，冷支国已如秋末枯草，如再敢与齐、燕大军相抗衡，无异于飞蛾扑火，自取灭亡。既然冷支昏君如此不识抬举，就休怪我不义了。大军休整三日，乘士气正盛，一举荡平冷支！"

燕庄公闻言大喜，慌忙离席，向齐桓公及众将敬酒致谢。在入席之时，他最害怕齐桓公口中吐出"撤军"二字。他心中明白，齐军连日征战，伤亡很大，亦很疲劳。但总算苍天不负，灭山戎，服孤竹，为燕国平息了两处祸患。此时，齐桓公如言退兵，他绝难出口挽留。虽留下冷支一国，却是主力军，又有山戎部分残余逃到冷支，如斩草不除根，来春必又复生。等其养精蓄锐，羽毛丰满之后，冷支、山戎卷土重来，燕国又将重蹈覆辙。今日亲耳听到齐桓公答应乘胜征讨冷支，众将也摩拳擦掌，纷纷响应，自然心中欣喜。他以期待的目光注视着管仲，只要管仲说一个"是"字，燕国从此可以高枕无忧了。

管仲听着齐桓公慷慨陈词，却坐在那里一言不发，等酒宴上喧哗声渐息，他才面无表情地道："我国大王应燕国之请，亲率大军长途跋涉来到北地，伐戎助燕。人不解甲，马不离鞍，攀险山，涉恶水，扫平山戎，又与孤竹结盟，现今只剩下冷支孤掌难鸣，料难成就气候，凭燕国大军之威，小小冷支已不足为虑。中原多事之秋，我家大王离国时日已久，该是齐军撤离北地回中原的时候了。"

管仲的一番话，不亚于晴天突然炸响一声闷雷，本来欢声笑语的筵席顿时变得鸦雀无声，只有粗浑的喘息声和投向管仲的数十道惊讶而又困惑的目光。

燕庄公正在欣喜之际，猛听管仲此言，仿佛头上被猛击一闷棍。他和齐桓公一起相处数十日，已清楚地看出，管仲是齐军中举足轻重的人物，称得上是齐桓公的"魂魄"。他如主张退军，齐军十之八九是难以留下了，他的一颗刚刚热起来的心，又渐渐变得冰冷。但管仲所言合情合理，挽留之语实是难以启齿，于是他瞅着齐桓公，一时默默无语。

齐桓公也万万没有料到管仲会突然说出如此惊人的话语。对于管仲，齐桓公心中最是雪亮。当初，极力促成北伐山戎，救助燕国之举的是管仲；自始至终主张斩草除根，以绝后后患的，也是管仲。此时离大获成功只差一步之遥，而管仲却突然一改初衷，提出要半途而废。

齐桓公如堕雾中，怔怔地望着管仲，半响方讷讷吐出六个字来："仲父莫非戏言？"

"绝非戏言！"管仲面无表情地道，"大王请只管饮酒，此事再议不迟。"说罢，又转脸看着燕庄公，略带歉意地道："齐军退兵之举，实是迫于无奈，大王日后便会明白管仲的苦衷了。此事还望大王见谅。"

燕庄公面带苦笑，唯唯应答。

酒筵不欢而散。

四、讨伐冷支

有一天，齐桓公接到一个惊人的消息：齐国发生内乱！顿时，这一消息不胫而走，沸沸扬扬传遍了齐营、燕营和孤竹城的大街小巷。齐军人心惶惶，思归心切。

救乱如救火，齐桓公再也无心恋战，也顾不上助燕国讨伐冷支了。安抚了一下孤竹君臣，而后率领齐国大军仓皇撤离孤竹城，日夜兼程，过双子山，渡卑耳河，经山戎部落，出葵兹谷口，回到燕地。顾不上进燕国都城，就地稍事休整，便分兵数路，向南开拔。

燕庄公也率领燕国疲劳之师，悄悄地返回都城蓟。

征战厮杀，喧闹了数十日的北方战场，顿时沉寂了下来。

但这沉寂只保持了两日，便风波再起。突然有大队冷支铁骑在山戎残兵的引导下旋风般出了葵兹谷口，一进入燕土便开始烧杀抢掠，气势汹汹，直逼燕国都城蓟。

燕国人的劫难又开始了!

原来,当初冷支国国君见山戎部分残兵来投,方知山戎已全军覆灭。他对此不屑一顾,答应出兵为山戎报仇雪恨。但还没有来得及出兵,又闻孤竹国与齐、燕结盟,大怒,口吐狂言:"吾不将齐军杀个片甲不留,誓不为人!"

他知道齐军下一个要讨伐的必是冷支国了,于是一边派人到孤竹国方向打探消息,一边调兵遣将,在所有的险要关口重兵布防,严阵以待,只等齐军自投罗网。

冷支君正密切关注齐军动向,忽有探子来报,齐国发生内乱,齐桓公被迫率大军草草撤离孤竹城,返回齐国去了。冷支君一听大喜过望道:"真乃天助我也!"

冷支君稍一停顿,又狂妄道:"本公一直想与齐军一较高低,看看齐桓公这个中原盟主是不是三头六臂!可惜,齐军撤走了,这实是本公的一大憾事。齐军既撤,只有拿燕国出气啦!"

冷支君当即命各要道、隘口设防的人马全数撤回。而后,倾巢出动,率领八千骑兵,风驰电掣般杀奔燕国。

冷支铁骑出了葵兹谷口,果然见到一片清寂,只有齐军留下的破残营寨和锅灶。冷支君环顾左右,哈哈狂笑道:"为白芦花君报仇的时刻到了!"

冷支君当即下令:见人即杀!见物即抢!

此令一下,数千铁骑顿时变成一群强盗,呼啸着冲进燕地,开始了劫掠和杀人。

冷支铁骑片刻工夫，已深入燕境三十余里，来到一座山下，已是中午时分。冷支君命稍事歇息。骑兵已跑得累了，一听命令，纷纷下马，横七竖八躺了一地。有的在饮水，有的在查点战利品，一片零乱。

突然间，周围鼓角齐鸣。接着，伏兵四起。齐国大军犹如从天而降，呼啸着掩杀过来。燕国军队也乘机杀回。数路大军将毫无戒备的冷支军和山戎残兵围在核心，犹如砍瓜切菜一般。冷支军和山戎残兵登时大乱，来不及上马，便四窜奔逃。

冷支君由几名大将保着，杀开一条血路，逃到一荒僻之处。冷支君环顾左右，见八千铁骑已所剩无几，不由得仰天大恸。这时齐、燕追兵已渐渐逼近，冷支君再不敢在燕地久留，率领残军败将，向着来路方向逃窜。

眼看到了葵兹谷口，后面追兵已远。冷支君惊恐的心才稍稍安定下来。只要过了此谷，就是自己的天下了。冷支残兵逃命心切，纷纷夺路进谷。

突然，谷口两边旌旗招展，齐国大将鲍叔威风凛凛地站在旗下，山头上乌压压排满了齐兵，擂鼓高呼："冷支昏君速速下马投降，否则死无葬身之地！"

冷支君见齐军断了退路，正仓皇无计，背后齐、燕大军在王子成父率领下又尾随而至，将冷支残军团团包围。

冷支君眼见大势已去，知道今日决难生还，突然豪气大发，环顾左右道："诸位且看，齐兵能奈我何！"说罢，将坐下马一拍，呼喊着单人独骑冲进齐阵，将手中开山大斧，舞得像风车一般。齐兵被他的神勇一时惊呆了，纷纷退避，竟也被他连连劈死劈伤数人。待齐兵清醒过来，又呼啦啦拥上来时，冷支君已满身鲜血，拍马跃回阵中，仰天大喊数声，拔剑自刎而亡。

冷支残兵见国君一死，纷纷下马投降。

齐桓公钦佩冷支君神勇，令冷支降兵将其厚葬。

这便是管仲设下的连环大计。

原来，在荡平山戎之后，管仲一边谋划攻打孤竹，一边派人秘密潜入冷支国打探消息，知道了冷支君臣欲凭借险要地势，与齐军决一死战，防范甚严。便认为冷支只可智取，不可力战，否则齐军即使取胜，也必伤亡惨重，得不偿失。从那时，管仲就开始谋划智取冷支之策，于是想出了这一套连环之计。

为了做到以假乱真，在收服孤竹国后的庆功宴上，管仲故作撤军姿态。接着，假传谣言，说齐国发生内乱，仓促撤军。而管仲已打探清楚，冷支君刚愎自用，好大喜功。料定这样的人听到齐军已撤，必定坐立不宁，迫不及待地向燕国报复。那时，管仲便可大施手段，一举荡平冷支。

齐军按管仲之计，始终摆出一副仓皇的样子，到了燕地，即分兵数路，白日南行，夜晚又在夜色遮蔽下掉转回头，绕个大圈子到预定地点埋伏。又命鲍叔在葵兹谷口两边树林中潜伏，只等冷支铁骑一过，即封锁谷口。

管仲严令埋伏的军队不准大声喧哗，不准随意走动，不准狩猎，不准生火造饭，只以干粮充饥，以免走漏风声，暴露行踪。只要冷支铁骑一通过葵兹谷口，即成为瓮中之鳖，插翅难飞，只能任凭宰割了。

管仲奇谋，连齐桓公、燕庄公等都料想不到，冷支君又如何识得透？冷支君果然中计，迫不及待地倾巢而出。结果，白白送了自家性命不说，也葬送了八千铁骑，国家遂亡。

冷支国灭亡了，燕国北部、东部的祸患也全部平息了。

燕庄公见祸患已除，松了一口气，感激之余，再三邀请齐桓公率齐军回到燕国都城，好好尽一下地主之情，以答谢齐桓公救危之恩。但齐桓公离开齐国已数月之久，正归国心切，便婉言谢绝。

齐桓公大赏三军，命在葵兹谷外安营扎寨，就地安歇，对受伤生病的士卒加紧疗伤治病，三日后班师回国。燕庄公无法，只好命燕军就地向百姓买得数百头牛羊，尽数宰杀，以款待齐军。

这次北征，由于管仲的奇谋，齐国兵将损伤极微，但收获颇丰，夺得了大片土地，缴获了大批牛羊牲畜和奇珍异宝。在归国之际，齐桓公与管仲商讨如何处置这些土地和财物。齐桓公问："仲父以为，冷支、山戎两地疆土，该如何处置才好？"

管仲对此早有思索，对齐桓公道："遂国覆辙，不可重蹈。"

管仲指的是当年齐国占领了小国遂国，尽派齐国戍卒守卫该国，后来戍卒全部被遂人杀死的事件。

齐桓公何等精明，当即会意，并与管仲商定了处置方法。

这时，虎儿斑前来辞行。齐桓公予虎儿斑及其部下以厚赏。并将夺得的山戎土地五十余里尽数拨归无终，由无终首领统一管辖山戎部落，以答谢无终首领的慷慨助战。虎儿斑大喜，满载而归。

齐桓公又置酒款待燕庄公。席间，齐桓公对燕庄公道："赖天相助，托君之福，总算平定了山戎和冷支，又与孤竹结盟，燕国从此当可无外患之忧，寡人也可安居中原了！所得冷支二百里土地，全部归属燕国，由君侯来整顿治理吧。"

燕庄公诚惶诚恐，连连摇头道："燕国屡屡惨遭戎夷蹂躏，正是凭借大王的威严，管相国的谋略，齐国众将士的神勇，才得以保全燕国社稷和边塞的安宁，寡人已心满意足，感激不尽，绝不敢再有丝毫奢望。齐国大军远征千里，拼命厮杀夺取来的土地，自当归于齐国。大王可留下一支齐兵戍守，燕国定当鼎力相助，决无二心。"

齐桓公已受过管仲点拨，遂国惨事亦记忆犹新，遂国靠近齐国，尚且无力顾及，更何况千里之外的北地？此事正该做个顺水人情。想到这里，便恳切说道："大王不必推辞。北部边陲，是兵家要地。戎患消除之后，以大王的贤德才能，燕国必然大治。北地有强盛的燕国作为屏障，寡人在中原亦解除了后顾之忧，这岂不是一件天大的美事！更何况，齐国、燕国本就亲如手足，此次共同讨伐山戎，更是亲上加亲，寡人又何必舍近求远？大王只管收下好了。"

燕庄公见齐桓公一片诚心，只好拜谢领受。

齐桓公班师回国，燕庄公为齐桓公送行。二君经数十日联手平夷，已引为知己，一路上推心置腹，谈论国事、天下事，越谈越投机。路也是送了一程又一程，不知不觉已进入齐国纵深五十多里。

管仲对燕庄公道："送君千里，终有一别。大王就此留步吧。"

燕庄公方才恋恋不舍地挥泪告别。

这时，齐桓公猛然记起周室延续下来的一项礼节，对燕庄公道："古礼有约，国君相送，不能越境。"

燕庄公道："您我情同手足，何必拘于古礼？"

齐桓公说："寡人不才，为中原盟主，如率先破坏古礼，何以约束众家诸侯？"他一时拿不定主意，与管仲耳语一番后，方对燕庄公道："就依仲父之见，把此地定为齐、燕的国境。大王走过的这五十里土地一并割让给燕国，就由大王您来治理吧。"

燕庄公苦苦推辞，无奈齐桓公执意而行，只好接受下来。为了答谢，燕庄公命在此地筑一小城，定名"燕留"，意指要将齐桓公的恩德永留燕国土地上。

自此，燕国东北方增加土地五百余里，南部增加土地五十余里，成为北方疆土辽阔的大国。燕庄公又深受齐桓公、管仲的影响，勤修内政，富国强兵，国家日渐强盛。

齐军再向东南行，已接近了鲁国边界。

齐桓公对管仲道："果不出仲父所料，鲁侯口出大言，说要出兵相助寡人讨伐山戎，却哪里见到鲁国一兵一卒？寡人自以为与鲁侯交好，却偏偏是交好的人背信弃义，有负寡人，实是令人着恼。此番大军途经鲁国，寡人想乘机率师问罪，以示惩戒。且看鲁侯何以面对寡人？"

管仲摇头道："不然。臣当初的用意并非为了今日与鲁国兵戈相见。大王千里迢迢北征戎夷，所为何来？不正是为了讨伐楚国时，免除后顾之忧吗？刚刚平定了山戎，却又和鲁国反目为仇，这岂不是舍近而求远吗？俗语说，远亲不如近邻。大王对远燕尚且那般宽容大度，对近鲁又何必太过苛求呢？"

齐桓公仍愤愤不平，道："如仲父所言，难道寡人就这样甘心被戏弄不成？"

管仲微微一笑道："正好相反，臣正要大王扬名天下呢！"

齐桓公道："何以扬名天下？"

管仲道："大王此次讨伐北方夷戎，获得珍奇珠宝无数，多是中原极为罕见之物。大王分出一半珠宝，送与鲁国，以作为进献给周公庙的祭品，岂不是再好不过！"

齐桓公没想到管仲会出此下策，眉头一皱，冷哼一声道："仲父何出此言？鲁侯背信弃义，有负于寡人，不加惩戒倒也罢了，反倒给予馈赠，天底下哪有这般道理！"

管仲道："这便是臣常常提及的以德报怨之法。鲁侯本来有负于大王，大王非但不怪罪，反而另有厚赐。此举必使鲁侯羞愧交加，自此以后，臣保准鲁侯死心塌地尊奉大王为盟主；再者，这些珍奇珠宝虽为稀贵，却是身外之物，以身外之物，换取紧邻大国的诚心，岂不妙哉！"

齐桓公思索了一下，终于点头赞同管仲意见。

果然，在济水二君再次会面时，鲁庄公面带愧色，言谈举止十分拘谨，生怕惹恼了齐桓公。但齐桓公的心结已被管仲所解，言谈举止很坦然，非但没有丝毫责怪鲁庄公之意，反而送上一批珍奇珠宝。

鲁庄公原以为齐军此时气势正盛，以鲁国背约为由，一鼓作气攻下鲁国也并非难事，所以才小心行事。他做梦也没有想到会因祸得福，得此厚赐。乍然见到这一堆金光灿烂的宝物，他的眼睛为之一亮。随即想到这是无功受禄，顿时又诚惶诚恐，感激涕零。

确如管仲所言，鲁庄公终究不是反复无常之君，为了赎罪感恩，次年齐军伐莒时，鲁庄公下令征召全国男丁充军，连五尺童子也动员起来，援助齐军伐莒。这就是管仲对中原诸侯施以德政所结下的丰硕之果。

鲁庄公后来知悉，齐侯之所以没有向鲁国兴师问罪，正是听了管仲的力劝，方才化干戈为玉帛。于是对管仲愈加感激和敬重，特意征召鲁国的能工巧匠，在管仲的私邑小毂建筑一座美轮美奂的小城，以表感激之情。

中原诸侯先是听说齐桓公仅率齐国之兵，剿灭山戎，平定冷支，结盟孤竹，势如破竹，威震北方，夺得大片土地却不留寸土，尽数归于燕国。后又听说因燕侯入境，为循古礼，毅然割地，对鲁侯以德报怨……这一连串壮举美谈，在诸侯中引起巨大震动。一些距离齐国较远，或尚与齐国存有嫌隙的诸侯，纷纷派遣使者向齐桓公表示修好结盟，齐国威望大增。

百余年后，孔子谈到管仲劝齐桓公对鲁国以德报怨的事，还十分感慨地说道："人们说圣人能够转祸为福，以德报怨，说的正是管子所做的这种事情啊！"

燕国也一心一意地加入了与齐国的联盟。至此，整个中原诸侯联盟日渐强大，齐桓公的霸主地位也越来越牢固了。

五、存邢救卫

公元前668年，卫惠公的儿子赤继位，称卫懿公。他在位九年，懈怠朝政，不恤百姓，只顾吃喝玩乐。在卫懿公所嗜好的名目中，他最为津津乐道的就是鹤了。

因为鹤颜色鲜亮洁白，鸣声清脆而又擅长舞蹈，卫懿公就特别喜爱鹤。就因卫懿公对鹤情有独钟，凡是给他献鹤的人都有重赏，那些不务正业的人便千方百计地搜罗各种鹤，争着来到卫国宫廷给卫懿公献鹤。有时献鹤的人多了，得排成长队，有序进入宫廷。

卫国宫廷的园林里，到处喂养鹤，到处是鹤的鸣叫声，大大小小的鹤不下千余只。

　　卫懿公按鹤们的品位把它们分成等级，依级别都有相应的待遇，品位最高的享受同朝廷大夫一样的俸禄，次等的享受士的俸禄。如果卫懿公出外游玩，就让鹤们陪同，将鹤分成队列，用华丽的大车载上它们，并指挥鹤们在前面开道。卫懿公亲昵地称这些得宠的珍禽为"鹤将军"。

　　宫里有专门养鹤的人，他们也有优厚的俸禄。为使鹤们有足够的粮食吃，卫懿公便加重赋税，在百姓中强行征收，而遇到灾荒的年成，不知多少人家饥寒交迫，卫懿公照样要百姓们交纳赋税。

　　卫国大夫石祁子是当时名臣石碏的后代，他的父亲叫石骀仲，以前也是卫国大夫。石祁子为人正直敢言，在卫国很有名气，他和宁庄子同掌卫国朝政，两人都是卫国的贤臣。他们多次劝谏卫懿公不要玩物丧志，要爱护百姓，关心民间疾苦，但卫懿公只把他们的忠言当作耳边风。

　　公子毁是公子顽与卫惠公的母亲宣姜婚配后所生，公子顽为卫惠公的庶兄，从公族来说，公子毁算是卫惠公的侄子，是卫懿公的庶弟了。公子毁看到卫懿公那样昏庸，感到他迟早会把卫国弄亡，就找个借口跑到了齐国。齐桓公觉得公子毁人品不错，便把自己宗室的一个女孩嫁给他为妻，将公子毁留在了齐国。

　　因急子和公子寿都没有儿子，公子顽已亡，黔牟的后代绝迹，只有公子毁是个贤德的人，卫国人都盼望公子毁能够成为国君。当卫懿公继位，把民间疾苦抛到了脑后，公子毁又出奔齐国时，卫国臣民就对现任国君怨气冲天了。

早在周文王的时候，北狄族的猃狁部落就开始强盛起来，狄主曾出兵威逼周文王把都城迁往岐地。周武王统一天下后，周公南征荆、舒等地，北伐戎、狄族，中原各地才有了长期的安宁。一直到周平王迁都洛邑，南方的荆楚，北方的戎、狄族又抬起了头，不服周王室的管辖，再度不断侵扰中原周边的诸侯国。

单说北狄主名叫瞍瞒，他倚仗手下拥有数万骑兵，常有深入中原内地的企图。当听到齐桓公亲率大军讨伐山戎的消息时，瞍瞒一拳击在餐桌上，环视了一下众臣说："齐兵大老远跑去攻打山戎，太没把我们放在眼里了，今天我们就先发制人，给他们点厉害瞧瞧！"

说完，瞍瞒就下令调拨二万铁骑，亲自统领人马奔袭邢国，仅一天便击破了邢国都城，狄军到处杀人放火，掠夺人、畜和财物。

一天，瞍瞒得到齐军正在策划前来援救邢国的情报，知道卫懿公不修国政，就移兵转向卫国去了。

那时卫懿公刚想带着鹤出外游玩，忽然，情报人员回来告诉他："狄兵已杀进我国境内了。"卫懿公猛吃了一惊，慌忙召集人马，筹办军备，准备迎战狄兵。但百姓不愿投入战斗，几乎都逃往野外去躲避起来了。

卫懿公就叫担任司徒的官员派人抓捕逃散在外的百姓，把他们集中在一起。一会儿衙役就擒拿了一百多人，司徒将他们带到朝廷，卫懿公问道："你们为什么四处躲藏，却不肯保卫国家？"

那些被逮住的人一致说："君只要把一件东西用上就足够抵抗狄兵了，我们这些百姓还起什么作用呢？"

"有这样的东西？那是什么？"卫懿公惊奇地说。

"鹤。"众人回答。

"鹤怎么能退敌呢？"卫懿公觉得有些离谱。

"鹤既然不能同敌人作战，不能救国家于危亡，那就是没用的东西了。但君耗费有用的钱粮来供养那些无用的鹤，弄得民不聊生，这就是我们百姓们不愿去前方打仗卖命的原因。"

听到这儿，卫懿公既愧疚又后悔，低了头说："寡人明白自己的罪过了！现在愿把鹤都放出去，以后一定勤政爱民，可以吗？"

在一旁的石祁子连忙说："君就尽快行动吧，只怕这时候有些晚了啊！"卫懿公即刻遣人打开所有鹤笼，把它们往外赶，可那一千多只鹤因为长久被人精心饲养，习惯了舒适的生活，只在宫廷园林低空盘旋，都不肯飞走。

石祁子和宁速两位大夫亲自到街市上做宣传，向民众说明卫懿公的悔过表现，这才稀稀疏疏地聚集了一些从外地回来的人。

可这时狄兵已攻进了荥泽，片刻之间就有三四次告急文书传到卫国朝廷。石祁子向卫懿公请示："狄兵骁勇善战，我们切不可轻敌，就让臣速去齐国求救吧？"

卫懿公勉强挺挺胸说："齐侯上次奉周王命令前来讨伐我国，

虽然不久退兵了，可事后我国没人主动地去和他们修盟结好，现在我们遇到了危难，他们怎么愿意来救我们呢？不如就和狄兵拼死一战，来决定卫国的存亡！"

宁速上前说："臣请求带领队伍阻挡敌人进兵，君在城中坚守吧！"

卫懿公面色黯然，沉重地说："寡人因养鹤犯下了过错，现在再不亲自奔赴战场，只怕没人会尽力保卫国家了。"便转过身，将一块玉玦递给石祁子说："卿当代理国政，一切事情就凭这块玦由你决断吧！"又交给宁速一支令箭，要他一心守卫都城。嘱咐他们："国家的事情，全拜托你们两位。寡人要是不能打败狄兵，就无颜回城了！"

石祁子和宁速知道卫懿公此去凶多吉少，禁不住洒下泪来。

卫懿公交代完国事，就调集人马，派大夫渠孔当大将，子伯做副将，黄夷为先锋，孔婴齐率后队，向荥泽进军。一路上，有许多将士仍然抱怨卫懿公养鹤误国。晚上，卫懿公在宿营地访察军情，听到一阵阵歌声传出帐外："鹤有俸禄，民食野菜；鹤乘华车，民赴战场。狄兵剽悍啊我无长物，力战强敌啊我们九死一生！鹤今在哪里啊，只有我们承受苦难！"

卫懿公听完这首歌，心中更增添了烦闷，便默默回到了中军营帐。卫懿公在路途听到将士们歌中含怨，心里感到烦闷，而大将渠孔在军中实行过严的军规，弄得士兵们满腹牢骚，卫懿公又添新愁。将近荥泽，只见千余狄兵分成左右两路乱纷纷地奔跑，显得没一点儿阵法。

渠孔高兴地说："人们都说狄兵剽悍，不过是徒有虚名罢了！"便命令卫军擂鼓追击狄兵。

狄兵故意败走，将卫军引诱到峡谷，只听见一阵响亮的呼哨声划过天空，埋伏在丛林里的狄兵突然杀出，顷刻间，如山呼海啸似的，就把追来的卫军截成了三段，使卫军首尾不能救应。

卫军本来没有与狄兵战斗的决心，看到狄兵来势凶猛，都抛下战车，脱掉铠甲，各人只顾自己逃命，卫懿公很快陷入了敌军的重重包围之中。

渠孔看见狄兵如蜂蚁般涌来，对卫懿公说："形势万分危急了，请君把帅旗取下来，换上便服，然后下车混在士卒中间逃跑，或许可以脱离险境呀！"

卫懿公看着越来越多的狄兵说："卿等若能救出寡人，看到帅旗也好知道寡人在哪里，如果不能相救，扔下帅旗又有什么益处？寡人宁愿死在沙场，向百姓们谢罪，也决不苟活在世间！"渠孔只得回身杀入敌阵，力图为卫懿公杀出一条血路。

不久，卫军前后两端的人马就溃散了，先锋官黄夷战死，后路军主将孔婴齐不愿被擒，自刎身亡。狄兵便全部向卫懿公这边围过来。渠孔的副将子伯在车上中箭落地，随即被狄兵斩首。卫懿公和渠孔先后受到围攻，狄兵的乱刀将他们砍成了肉泥。至此，卫懿公统领的大队人马全军覆没。

最后，狄兵俘虏了卫国太史华龙滑和礼孔，把他们五花大绑押到瞍瞒面前。瞍瞒瞅了瞅他们说："这两个活物有什么用？给俺推出帐外斩了！"

华龙滑懂得北方的那些民族有相信鬼神的风俗，就哄骗他们："我们是卫国的史官，掌管天文历法，主持国君太庙的祭祀，让我们先回太庙给你们求得保佑吧，不然，会引起神鬼愤怒，你们就很难攻打卫国都城了。"瞍瞒以为华龙滑说的是真话，就同意他们俩上车回去了。

那时宁速正全身戎装在城墙上巡视防务，望见有一辆战车由远而近地驶来，认出是两位太史，心中一震，忙大声问道："你们怎么回来了？主公在哪里？"

两太史哀声说："主公全军覆没了！狄兵十分强悍，我们不能等着和都城一起毁灭，现在应当暂时避开敌军的锋芒，快些撤走吧！"宁速便命令门吏放他们俩进城。礼孔向太庙方向拜了拜，凄楚地说："昨天和君一同出城，而今不能和他一起入城，臣子的节义在哪里？我只有去地下侍奉国君了！"一道亮光闪过，礼孔拔剑自刎了。

华龙滑看到礼孔死去，擦了一把泪水说："我不能和兄一道殉节了，卫国这段历史得有人记载啊！"就独自驱车进入了都城。

宁速和石祁子计议停当，便带领卫懿公的宫眷和公子申，趁夜色驾小车出了城往东奔走，华龙滑携上一大包典籍跟在后面。城中百姓听说二位贤大夫都出城了，各自扶老携幼尾随他们逃命，哭喊声响成一片。

狄兵乘胜进军，一路无人抵挡，直冲进卫国都城。那些没来得及逃走和行动缓慢的百姓，十有八九被狄兵砍死。瞍瞒又派兵沿路追赶，石祁子保护卫懿公的宫眷走在前面，宁速在后面掩护他们，时而与赶上的狄兵激战，时而往后退走。跟在后面逃难的百姓半数以上死在狄兵的刀下。

即将到达黄河时，石祁子和宁速他们都感到疲惫至极，也觉得没路可走了。忽然看见河岸一队人马迎面奔来，原来宋桓公御说得到卫国沦陷的情报，就遣兵来接应他们了。卫国臣民在宋军的帮助下，当晚准备船只，星夜渡过了黄河，这才有了喘息机会。

狄族的追兵见卫国臣民过了河，便转回去，将卫国府库与臣民私自的财物清洗一空，只留下一座废墟，满载而归。

当天，石祁子和宁速带领卫懿公的眷属们逃到了黄河岸边，石祁子先扶公子申等坐上船，宁速集拢跟着逃难的百姓，随后也赶来了。

众人到达漕邑，石祁子清点了一下青壮年男子人数，总共只有七百二十多人，大多被狄兵杀死了。石祁子和宁速抱着头哀伤了好久，都感到一道难题摆在面前：国不可一日无君，可眼下卫国的将士少得可怜，怎么样才能凑齐一个侯国最基本的兵员呢？

石祁子和宁速商议了半天，最后决定再从共、滕两处邑地抽取十分之三的人口充当兵役。这样，募得兵员四千多人，连同跟随众臣逃难的青壮年男子，才组成一支仅五千人的军队。

石祁子和宁速几经周折，在漕邑修建了简陋的房舍，扶持公子申即卫国君位，称为戴公。

宋桓公御说、许桓公新臣听说卫懿公阵亡的事情后，都遣使到漕邑吊唁卫懿公。

卫戴公患有重病，即位才几天就去世了。宁速便前往齐国迎接公子毁回国为君。

齐桓公听宁速讲完卫国目前的处境，感叹了一会儿，说："公子从敝国回去，将继承君业，如果要强留他在齐国，那寡人就不近人情了。"于是便赠给公子毁一匹骏马，五套公侯用来祭祀宗庙的礼服，牛、羊、猪、鸡、狗各三百只。又赐给公子毁夫人一辆豪华的马车和三十匹上品锦，并派齐国大夫公子无亏统领三百战车送他们去漕邑。想到卫国的窘境，齐桓公又送了一批砖瓦和木料给公子毁，让他建造宫室。

公子毁回到漕邑后，众人就把大臣弘演剖腹收纳卫懿公肝脏的经过详细地向公子毁禀告了。

公子毁感动得流泪，立刻差人准备下棺木去荥泽重新入殓卫懿公，同时给卫懿公、卫戴公发丧。为彰显弘演的忠义，公子毁对弘演追封了谥号，录用他的儿子仍为卫国大夫。

诸侯们受齐桓公的感召，也先后拿出钱财遣人送往卫国，支持新君渡过难关。

公子毁回到卫国后即位更称卫文公。虽然诸侯们大多给严重受创的卫国捐献了财物，但杯水车薪，卫国仍然处在极度贫困之中。卫文公曾一度寄居民间，现有战车仅三十辆，受战乱的难民饥寒交迫，连粮食、种子也匮乏，一片凄凉景象。

卫文公的衣帽都是粗布制成，吃的是平常人家的饭菜，他早起晚睡，到各地安抚百姓，无人不称他是位贤君。

公子无亏看到今日的卫国兵力空虚，就留下三千健壮的士兵协助卫国人戍守漕邑，防止狄兵再次侵犯，便带领多半人马回齐国了。公子无亏见了齐桓公就把卫文公生活如何俭朴、弘演怎样为卫懿公殉身的情形都做了汇报。

齐桓公感叹说："一个无道昏君，怎么也有臣子对他这样尽忠呢？看来卫国还是很有前景的啊！"

管仲向齐桓公献策："卫国目前贫弱，我国留兵帮新君守卫驻地也是盟主分内的事情，但长期下去，齐、卫两国都劳民伤财。与其在那里戍守，不如我们帮助卫国选择一个好的地方修筑都城，一劳永逸。"

齐桓公觉得这是个好主意，正想张罗诸侯们投入人力物力，一起重建卫国都城之时，忽然，邢国使臣来到齐国，一见齐桓公，惴惴不安地说："狄兵又打进敝国了，我们难以坚守，盼望盟主垂怜众生，尽早发兵救援啊！"

齐桓公让邢国使臣暂歇，私下问管仲："我们齐国眼前可以出兵给他们解围吗？"

管仲回答："诸侯们之所以拥戴主公做盟主，正是因为齐国能够在诸侯中扶危济困。前些日子，我们没来得及解救卫国，这次要是再不能援救邢国，那我国的霸业就会从此衰落下去了呀！"

齐桓公有些烦恼，咂了一下嘴说："可是，卫国的事情还摆在我们面前，邢、卫两国都翘首望着我们，先解决哪个的难处才好？"

"等平息了邢国的兵患，再去帮卫国建城，那是您成为霸主的千年功业啊！"管仲说。

齐桓公同意了管仲的主张，旋即向宋、鲁、曹、邾各国发出檄文，约定在聂北聚集，一同出兵解救邢国。

宋、曹两国的军队先到达聂北。齐桓公把管仲叫到营帐内，低声说："邢国形势危急，鲁、邾军不知什么时候才来，干脆让他们做后援。有三国的将士可以与狄兵一决雌雄了，我们是不是马上进军攻打狄兵呢？"

管仲皱眉想了想，说："狄寇现在正当凶猛的时候，但邢国尚可抵御一阵子，如果我们这时出击强敌，就要付出成倍的代价。而我们帮助还有一定抵抗力量的邢国，那是显不出多大功劳的事情，不如等等再说吧。若邢国支撑不住了，必然会溃败；狄兵若战胜了邢军，必然会疲惫不堪。到那时，我们驱逐乏力的狄兵，救助危亡的邢国，就省力而又功高了。"

齐桓公觉得这么做是狠心了些，可在眼下战事频繁的年代，既保存自己的实力，又获得更高的名声要紧，便接受了管仲这个主意。

于是，齐桓公托言等鲁、邾国的援军赶到了，就同时对狄兵发动总攻，并让人把这一意图传话到宋、曹国军营。三国军队便在聂北各自安营下寨了。

齐桓公又派出密探每天了解狄兵与邢军双方对峙的局势。

齐、宋、曹三国在聂北驻军将近两个月的日子里，狄兵无所顾忌，昼夜围攻邢国都城。最后，邢军兵力衰竭，如房舍倒塌似的一下就混乱起来，各人只顾出城逃命。

齐国的密探将邢军溃败的情况报告给齐桓公不久，那些逃出城的百姓像河水一样都往齐国军营涌来，哀求齐桓公快起兵拯救陷入魔掌的邢国。

只见一人倒地就哭，一时不能站起。齐桓公认出他正是邢国国君叔颜，连忙把他扶了起来，安慰他说："都怪寡人没有及时救援，才弄得你们如此凄惨，这是寡人的罪过呀！你也不要太悲伤了，寡人马上就请宋公和曹伯共同商议一下，将会替你们赶走狄兵，夺回城池。"

当天上午，齐、宋、曹国的军队便拔营起寨，分成三路往邢国都城方向进发。

这时狄兵已把邢国掳掠一空，俘获人口、财物无数。瞍瞒得知齐、宋和曹国军队正向邢国境内逼近，一来害怕自己的军队将吃败仗，二来担心已抢夺到手的财物会失去，便在城中放起一把大火，指挥人马向北奔去。

齐、宋、曹三国大军赶到邢国都城时，只见宫廷和数以千计的民房大火弥漫，狄兵早没了踪影。齐桓公急忙传令所有将士迅速扑灭各处大火，又遣人抚恤遭劫难的百姓。

忙活了一会儿，齐桓公问叔颜："还能在这地方居住下来，仍把它作为都城吗？"

叔颜望着宫室的残墙与房梁的余烬，忧伤地说："逃出城的百姓大半去了夷仪，寡人想顺从民众的愿望，就以那里为新都吧。"

齐桓公二话没说，便下令齐、宋、曹三国备办各种建筑工具，全体将士迅速投入了紧张的劳动。一个多月后，就在夷仪修筑了坚固的城墙。接着给叔颜建起祖先的庙宇及朝堂，并为他添置了房舍，大量的砖瓦和牛、马、粟、帛之类的物资从齐国源源不断地运到夷仪。邢国君臣迁居夷仪的那天，如同重归故里，欢呼声响成一片。

宋公和曹伯看到邢国完事了，便打算向齐桓公辞行，带领各自的人马回国。齐桓公一摆手，笑着说："邢国的事情安顿下来了，可卫国还在等着我们呀。我们都是兄弟国家，现在帮助了邢国，而将卫国撂在一边，那卫国人会怎么议论寡人呢？"

宋公和曹伯都拱手说："我们愿听霸君的命令，您说怎么办就怎么办吧！"

齐桓公便号召各国将士随身携带畚箕及铁锹等工具，立刻向卫国进军。卫文公得知齐、宋、曹大军到来，亲自出城几十里地迎接。齐桓公目睹卫文公果然身穿粗布衣服，头戴帛布帽子，还是丧期的装束，心生怜悯，不由得眼眶有些湿润了。过了好久才说："寡人依靠诸君相助，想为君重修都城，但不知在哪里定都为好呢？"

卫文公再拜说："君的深恩，寡人一辈子也难报答啊！前几天太史已占卜过，认为在楚丘定都最适宜。但修建一座都城的费用，对我们亡国的人来说实在无能为力呀！"

齐桓公爽快地说："这件事情就交给寡人办吧！"当天就传令齐、宋、曹三国将士奔往楚丘破土动工了，直到新修的宫室和太庙落成，他才回国。齐国给予很大帮助，大多建筑和生活物质也都从齐国运来，如卫国再造一般，史称"封卫"。

至此，齐桓公接连定鲁、救邢、存卫，连战皆捷，名声大振。天下大小诸侯，既称道齐桓公的武威，更钦佩齐桓公的仁义，纷纷来与齐国修好。

六、齐楚争霸

齐桓公在短短的三年中，靠着管仲的精心筹划，先后助燕、安鲁、救邢、存卫，剿山戎、服孤竹、灭冷支、歼北狄……势不可挡，天下诸侯望风归附，连紧靠楚国的江国、黄国这两个小诸侯国也愿归附齐国。这使楚国感到巨大的威胁。

当时楚国君主是楚成王，是一个很有能力的人。他带领楚国向北渗透，也想染指中原霸权。齐桓公早就想找个机会与楚国一决雌雄，一直苦于没有机会。真是人算不如天算，恰在这时，齐宫中发生了一个生活小插曲，左右了齐桓公，提前促成了伐楚之举。

那是初秋的一个明朗的日子，阳光灿烂，天空碧蓝，空气清爽。齐桓公被蔡姬缠着到宫廷后苑的清池中荡舟采莲蓬。蔡姬是蔡国君侯蔡穆公的胞妹，嫁与齐桓公为姬，齐桓公封其为蔡姬。蔡姬正当妙龄，美丽、聪慧而又有着江南女子的清灵之气，颇受齐桓公的宠爱。所以齐桓公虽心情不佳，被缠不过，还是答应了蔡姬。

荡舟时，蔡姬见蓝天绿水，清风轻拂，硕大的荷叶随风轻摇，不由得心花怒放，童顽之心大起，伸手撩起池水泼洒齐桓公。

齐桓公从小居于北方深宫，是个"旱鸭子"，十分怕水，于是惊慌失措地制止蔡姬。蔡姬年少顽皮，不知深浅，仗着齐桓公宠爱，越发一边颠簸小舟，一边撩水，将齐桓公溅得满脸水渍。

齐桓公颤颤巍巍地站起来，欲过来抓住蔡姬，谁知小舟猛地一晃，齐桓公站立不稳，举着双手摇晃了两下，"咕咚"一声栽入水中。蔡姬还在咯咯嬉笑着，见齐桓公在水中极力挣扎，眼看就要沉下去了，方知闯下大祸，顿时花容失色，大喊："救命啊！救命啊！快来人救救大王……"

有善水的侍从慌忙跳下清池，把齐桓公生拉硬拽地拖上岸来。齐桓公浑身湿透，伏在岸上"咳、咳"地吐着清水。

蔡姬也从小舟上下来了，跪在地上手颤抖着为齐桓公捶背，嘴里哆哆嗦嗦地呼唤着："大王、大王，您不要紧吧？您不要紧吧……"

齐桓公是一国之君、中原霸主，连大国的君侯、周王室的上卿都对他毕恭毕敬，被蔡姬如此戏耍，又因怕水弄得甚是狼狈，他觉得大失尊严。他吐完了清水，坐起身来，一把将蔡姬推个趔趄，黑着脸子怒道："婢子无理，不能侍奉寡人！"

蔡姬见齐桓公暴怒，忙跪倒在地上，连连叩头，哀告着："贱妾知错了，大王饶过贱妾吧……大王，贱妾再也不敢了……"齐桓公不理不睬，在侍从搀扶下回到宫中，仍是怒气未消，不顾蔡姬啼哭哀求，派遣竖刁将她送回蔡国。

齐桓公本来很是喜爱和娇宠蔡姬的，送其回国并无绝情休她之意。只是由于自己前不久过度行乐，在国内、宫内引起一些非议，心中不快，一怒之下将她惩罚一下，以后自会再接回齐国。但齐桓公绝不会想到，事情却正是坏在了他一意宠信的竖刁身上。

竖刁这才想起大卫姬一直对齐桓公宠爱蔡姬妒火中烧，时常在他跟前诅咒蔡姬。他是个利欲熏心的小人，一听让他送蔡姬回国，暗自窃喜，心道："又是一桩美差！"

他想的是，现今齐桓公威名正盛，蔡穆公不敢轻易得罪齐桓公，必会想方设法挽回这门亲事，这样只有极力巴结于他，向他重金行贿，求他向齐桓公多加美言，接回蔡姬，这样他不费吹灰之力，就可大捞一笔。

竖刁正准备起程，大卫姬派侍女唤他过去，问他："听说大王要你送蔡姬回国？"

竖刁忙道："是，娘娘。竖刁正要向娘娘禀报呢。"

大卫姬媚眼儿一瞪，娇嗔道："怎么做，不用本宫娘娘教你吧？"

"不用，不用。"竖刁献媚地说道，"这等小事我竖刁都做不好，还劳您娘娘操心，竖刁还配做您的膝下臣子吗？竖刁好歹让姓蔡的一去不复返！""嗯，明白了就好。"大卫姬向他施个媚眼儿，"做得好了，回来本宫娘娘好好犒赏你一番也就是了。"

"谢娘娘恩典！"

竖刁告辞大卫姬后，自言自语道："忘记这茬儿了，差点闯出大祸来。看来我竖刁得做一次了。人不能回来，该捞还得捞一把！这就要看我竖刁的本事了！"

竖刁怀着大捞一把的心情兴冲冲到了蔡国，谁知一见到蔡穆公，心顿时凉了半截，迎接他的并非是一张奉迎巴结的笑脸，却是一张冷若冰霜的面孔。竖刁说明送回蔡姬的缘由，蔡穆公冷笑道："一个堂堂的大国之君，为了一次戏耍，就如此绝情，哪里是中原盟主的风范！"

竖刁的美梦破灭，寸金未得不说，还受了一肚子的窝囊气。他顿时恼羞成怒，便从中挑拨，假托齐桓公之口，添油加醋，大泼污水，骂蔡国是不知礼仪的野蛮之邦；骂蔡穆公昏庸无能，冥顽不化；骂蔡姬无德无才，刁钻泼辣……言语之恶毒，无所不用其极。

蔡穆公见妹妹哭哭啼啼地被遣送回来，本就心中着恼，极欲发泄，听了竖刁的挑拨，勃然大怒，道："已经娶到齐国，又遣送回来，还如此侮辱本公，这不是欺人太甚吗？偌大个天下，难道寡人非要与他齐国结盟不成！"遂与齐国绝盟，并扬言要将他的妹妹嫁到楚国。

竖刁回到齐国，自然又编造了一套谎话。再次假借蔡侯之口，给齐桓公泼了一身的污水。

齐桓公闻报果然大怒，骂道："老儿安敢欺我！寡人必雪此恨！"

竖刁见目的已达到，心中暗自得意，悄悄到大卫姬那儿邀功请赏去了。

齐桓公却突然陷入了苦恼之中。蔡姬是他的爱姬，却要被远嫁到楚国去了。他绝没料到事情会弄到这般地步，深感后悔，又觉得大受侮辱，恼恨之余，遂即决定讨伐蔡国，以雪夺姬之恨。

管仲听说齐桓公要为蔡姬之事，向蔡国开战，很是着急，匆匆来到宫中求见齐桓公。齐桓公一见管仲神色慌张地跑来，便知必是为伐蔡之事，便抢个先机，冷冷说道："仲父急匆匆赶来，莫非又是劝说寡人不要伐蔡？"

管仲见齐桓公一语挑明，也坦率地道："大王乃是大国之君，中原盟主，只为后宫私事就去讨伐一个盟国，如何说得过去？这样做，天下诸侯非但不会同情齐国，反而会暗中嗤笑大王。大王切不可因一时激愤而草率行事，以免误了大事。"

齐桓公深蹙双眉，瓮声瓮气地说道："仲父知道寡人的内心有多么痛苦吗？爱姬白白被夺走，不让蔡穆公老儿吃点苦头，寡人枉为人，又有何颜再为中原盟主？寡人伐蔡之意已决，仲父不必再言！"

原来，齐桓公因自己一时激愤失误而痛失爱姬之后，数日来，他食不甘味，夜不安寝，真是度日如年。他总觉得心中空空荡荡，没了一点儿情趣，其余姬妾也都突然间大失姿色，一个个变得俗不可耐。他的眼前总闪动着蔡姬的俏姿和丽容，耳畔鸣响着蔡姬清脆悦耳的娇呼和甜笑。甚至当日惹他恼怒之时的泼水模样，也突然变得那么烂漫可爱，以致使他着魔一般，闲暇之时，常常独坐出神，自言自语："是寡人的错，都是寡人的错……泼吧，泼吧，泼一身水、两身水，便是把一池的水都泼到寡人身上又有何妨……"

真是痴情之君！

后来齐桓公与管仲议论起此事，还常常感叹不已，说终于明白了当初殷纣王为取悦妖妃妲己的欢心，而炮烙梅伯、挖比干心；周幽王为博得美人褒姒一笑，而戏耍诸侯以致亡国之事。他们均是心窍被痴情所迷，以致神魂颠倒，难以自拔。当时他也正是深深陷入了"情"的迷网之中，所以即使管仲所言，他也听不进一个字了。

　　管仲见齐桓公执意伐蔡，不便再言。但他作为执掌国家大政的宰相，总不能眼睁睁地让齐桓公因男女私情去讨伐一个盟国，何况是齐桓公失误在先，蔡穆公绝情在后。这样做，必然会影响到千辛万苦创立下的霸主基业。

　　管仲内心深处并无过多责备蔡穆公之意，他一直在怀疑，这事之所以弄到如此地步，说不定是竖刁那小子暗中做了手脚。管仲并非凭空怀疑，据他平时细加观察和宫中传出的风声，显而易见，竖刁乃是大卫姬的心腹之人，大卫姬在为齐桓公生子的娘娘中居于首位，精明又擅弄权，时时露出独霸后宫且参与齐国政事的野心，她眼见蔡姬年轻貌美，性情活泼可爱，深受齐桓公喜爱，大有独专其宠之势，心中岂能不妒火中烧？蔡姬被遣回国，可说正中她的下怀。善猜度人意的竖刁既为大卫姬的心腹，又怎能让蔡姬重新回到齐国？所以，管仲觉得此事绝非如此简单，事关重大，眼下还是先设法稳住齐桓公，再作计较。

　　凡关乎某个国家生死存亡的大事时，管仲处置起来总是甚为慎重，均着眼于齐国的地位和齐桓公称霸所遵循的"尊王攘夷、救危扶困、征伐无道"的十二字箴言。此次征伐关乎蔡国的存亡，自然也不例外。所以，他根据蔡国的地理位置和背离齐国、投靠楚国的情势，细加思索，很快便想出一条以攻为守的绝妙之计。

　　管仲复见齐桓公，献计道："大王执意伐蔡，臣想出一个一箭三雕之策，好歹让蔡侯落入臣设下的套中。"

齐桓公还当管仲又来说服他呢，见他竟然同意伐蔡，又亲自设谋，喜不自胜，忙说道："有仲父亲劳，何愁伐蔡不成！仲父有何妙计，快告诉寡人！"

管仲断然说道："伐楚！"

齐桓公一听，以为自己的耳朵出了毛病，惊诧地问："伐楚？寡人是要伐蔡，仲父却怎么说到伐楚？莫非寡人听错了？"

管仲微微一笑，道："大王并没听错。此乃声东击西之法。"

齐桓公问："何为声东击西？"管仲道："大王知道，楚国悖逆周室朝廷，已有许多年没有向周王室进贡啦。大王不是早就想讨伐楚国吗？此时正可打出周天子的旗号，召集天下诸侯之师，向楚国问不贡之罪。"

包茅是楚国应向周王室进贡的一种特有的菁茅草，又长又结实，周天子祭祀时，把菁茅捆成束，立于祭坛上。将酒从茅草梢间浇下，酒便顺着菁茅渗入地下，土地之神便可饮到人世间供奉的美酒。由于楚国多年寸草不贡，周天子已无法祭祀地下众神，大有怨恨楚国之意。

齐桓公还是不明白，问道："可伐楚与伐蔡又有何关系？"

管仲道："这个'关系'便是着眼在邀集天下诸侯共同伐楚这一事上。大王想，蔡国已与中原之盟离心离德，有投靠楚国之势。大王只当不知，仍以盟主身份代周天子的名义檄邀蔡国出兵，共同伐楚。蔡侯必不出兵，便是对周王室的忤逆不道，正给大王一个征讨的口实。只要师出有名，一个小小蔡国又何足道哉！大军伐楚之时，举手投足之间，便顺势将其收了。如此，既完成伐楚之夙愿，大煞了楚国的威风，又惩罚了蔡国，雪了夺姬之辱；同时又为郑、宋出了一口恶气，保住了郑、宋两国与齐国的盟约。所以谓一箭三雕之法。"

管仲一席话，说得齐桓公大为叹服，当即决定伐楚。君臣二人商讨该邀集哪些国家出兵。齐桓公道："刚刚结盟的江、黄两国，正与楚国紧邻。这次伐楚，可作为策应。"

管仲摇头道："不可。"

桓公诧问："为何不可？"

管仲道："江、黄两个小国均为弹丸之地，远离齐国而靠近楚国，之所以能够长期生存下来，皆因没有得罪楚国之故。正因为如此，上次盟约才为密约。倘若暴露了两国与齐国结盟之事，这次又公然与楚国为敌，楚君必大为恼火，即使大王率军降服了楚国，又如何保得住日后不再反复？到那时，楚国想吞并江、黄，朝发暮至，唾手可得。大王即使想救援两国，也是鞭长莫及。可如若不救，又负了同盟之义，空惹天下人耻笑。再说，大王曾邀集中原诸侯，五合六聚，次次大获成功，这次兴王师大举伐楚，又何必求助于国小力微的江、黄二国呢？"

齐桓公听了管仲的分析，觉得有理，遂罢了邀江、黄两国助战的念头。

征讨楚国，是齐桓公称霸中原数十年中的一次壮举。

在伐楚的全过程中，管仲自然是当之无愧的主谋人物。他在运筹帷幄，与楚国斗智斗勇的同时，也分出些许气力，小试牛刀，与竖刁在暗中展开了一番较量。齐桓公十分看重这次伐楚之战。伐楚，是他身为中原霸主之后梦寐以求的一件事，他认为齐、楚两雄迟早必有一场恶战。

但对于大战的胜负，他却心中无数，召来管仲商讨。

他问管仲："仲父看，此次讨伐楚国的前景如何？"

管仲道："从大战的前景看，楚国充分利用其地利，可与中原之师决一死战，胜则辉煌，败则可以罢战请和，所谓进可以战，退可以和；而中原大军是以王师之名，如遭败绩，齐国威名扫地不说，更会'引虎出洞'。那时楚军乘势北进，直捣中原，当犹入无人之境。所以此次出征，齐军只许胜不许败！"

齐桓公问："仲父预测，我军胜负成算几何？"

管仲道："制胜之道，靠的是天时、地利、人和，以及双方的国势、军力对比之中稳占上风。"

齐桓公问："仲父以为，我与楚的国势、军力对比如何？"

管仲道："楚国独霸荆襄之地，地广人众、兵精粮足，乃是齐国的强敌，绝非山戎、孤竹、冷支、北狄等诸夷可比；而齐国霸主中原数十年，国家富足，兵甲肃整，操练有素，更擅打恶仗、硬仗。两国、两军势力当在伯仲之间。"

"噢。"齐桓公点点头，自豪地说道，"可寡人有神机妙算的仲父运筹谋划，又有鲍叔牙、王子成父、隰朋、仲孙湫、宾须无等一干能征惯战的勇将冲锋陷阵，当可优于楚国吧？"

管仲道："统兵将帅，楚国也不弱呀。文有子文、屈完等，武有斗章、王孙游等。不过，子文等偏于文，斗章等偏于武，缺少文武双全之才，文武相制，则为兵家之忌。而我中原之师，以大王率军亲征，大王几十年来南征北战，已深谙兵家之道。正如大王所言，此一对比，我军稍占上风。"

"那地利上呢？"

"从地利看，楚军在本土作战，熟悉地形地势，又可以逸待劳；而中原之军则是千里征战，抵楚时已成疲劳之师，又是地形生疏，不服水土，此一比较，怕是楚优于齐。但中原之师可以兵众而弥补。"

"天时呢？"

"从天时上看，楚国称王僭号已逾三世，常常派兵袭扰中原盟国郑、宋等国，又不向周王室纳贡；齐国则以盟主为名，以'尊王'为旗号，邀集天下诸侯之兵，代周天子前往问罪。此则理在中原一方。"

"还有别的可左右胜负的吗？"

"有。"管仲答道，"诸如兵器的优劣、军纪的严弛、大军的士气、彼此双方运筹谋划等，都将决定大战的胜负。"

"对比如何？"

"我中原之师均优于楚军。"

"好！"齐桓公拍案道，"如此看来，与楚军大战，我军当立于不败之地！"

"筹谋在先，战则必胜，此兵家争战之道嘛！"

齐桓公心中有了底数，甚感欣慰，又说道："筹谋之事，全靠仲父啦！"

"感谢大王的信任，但还有一件大事须大王定夺。"

"还有何事？"

管仲道："事关重大，大王须派出重要文臣武将分赴各诸侯国，向其陈述伐楚之理，晓以利害，务使各国诸侯出兵助战。"

齐桓公豪气地道："仲父多虑了吧！少了个把国家，几百辆兵车、几千人马，寡人哪里放在心上！"

管仲正色道："少了个把国家，对伐楚来说确实微不足道，但令出不严，却是折损了大王的威望，影响甚大。更有另一重要关节，大王不是要孤立蔡国吗？只要蔡国对盟主之命置若罔闻，就可以堂堂皇皇地前去讨伐问罪。如再冒出一两个国家不服从盟主调遣，不肯出兵伐楚，如讨伐蔡国，便也要讨伐这些国家。一旦出现此种情状，用不着伐楚，中原恐怕要开始争战不休。齐国要自酿苦酒了。"

"好。"齐桓公点头表示赞同，"就由仲父决定人选吧。"

君臣二人商定伐楚后，管仲开始操练军队，修治甲兵，积蓄粮草。他在军队数量上亦不敢托大，以前南征北战，只靠齐国军队便可扬威天下，或至多邀集三两家诸侯助威。这次竟邀集鲁、宋、郑、陈、卫、许、曹、蔡等八国诸侯，派出兵甲助战，连同齐军，号称天下王师。并定于翌年春，共同讨伐楚国。传檄邀请蔡国出兵，便是管仲设下的圈套。

管仲亲自选定出使各国的使臣：宁戚到宋国，王子成父到郑国，隰朋到陈国，竖刁到卫国，开方到许国，宾须无到曹国，公子无亏到蔡国。如此分派，管仲也是经过深思熟虑的，他想到宁戚曾说服宋国与齐国修好，王子成父曾助郑厉公复位等有利因素外，还考虑到竖刁是个无孔不入、极为贪婪的势利小人，于是偏偏派他到重建国家、一贫如洗的卫国，且看他有何话说。

管仲分派完毕，问道："诸位有何异议？"

果然，管仲话音未落，竖刁即急切地说道："在下有异议！"

管仲蹙眉问道："有何异议？"

竖刁道："回禀相爷，在下以为，公子无亏曾助卫复国，而小人曾送蔡姬归国，熟知蔡国之情。所以应派公子无亏使卫，而小人出使蔡国最为有利。"管仲心里冷笑，但脸上却对竖刁之议表现出很高兴的样子，夸赞道："嗯，想得周全，很不错嘛！"说罢，当即将二人对调。

竖刁脸上表现出很恭顺的样子，心里也在冷笑："别人都把你管仲捧得神乎其神，犹似天人一般，还不是轻易就中了本公的圈套！看来，尔也是徒有虚名，如此而已！"

他哪里知道，他的一举一动均早在管仲的预料之中！

竖刁想到他每次出使外国，多能获取一批重礼，一个穷得叮当作响、靠别国救济方能存活下去的卫国，又能榨得出多少油水？而蔡国就不一样了。蔡国土地肥沃，是久负盛名的鱼米之乡，数十年来，既无外患又无内乱，国家积蓄厚重，十分富庶。上次送蔡姬归国，他已感受到蔡国都城洋溢着一股富豪之气，甚是眼馋，自己却是分文未得，憋了一肚子的恶气。这次出使关系到蔡国的存亡，到时见机行事，略施小技，必使蔡侯乖乖地顺服，狠狠地敲诈他一把！于是，带上一名随从兴冲冲地去了蔡国。宁戚、隰朋、王子成父等也相继出发。

分派已定，管仲来向齐桓公禀报。

齐桓公诧问："为何鲁国没有派使臣前往？"

管仲道："大王可否记得当年拜臣为相之初，臣曾说过，既要称霸中原，就必须抵御外夷，征伐无道。而如有南征之举，根据地理位置和国家的势力，必须依靠西南紧邻的鲁国。"

齐桓公道："寡人记得呀，那又如何？"

管仲道："鲁国自内乱平息后，在鲁僖公的治理下，日渐强盛，已恢复了大国的地位。现在南下远征强楚，鲁国正可为强大的后援，作用举足轻重。派遣别的使臣，臣焉能放心？"

齐桓公诧道："怎么？仲父欲亲自出使鲁国吗？"

管仲微微一笑道："臣是要去的，但臣还想请大王您亲赴鲁国，明为抚慰，实为探明虚实，务必说动鲁侯出兵。"齐桓公欣然道："好啊！寡人正憋闷得慌呢。"齐桓公和管仲到了鲁国后，发现鲁僖公是个重义之君，一直不忘齐桓公帮助平息鲁国内乱之情，更是感激管仲在鲁国几经危难之际，屡屡施之以德的恩义，所以对齐桓公君臣二人自是盛情款待。

齐桓公见鲁僖公如此贤明有为，在短短的数年中将一个乱鲁治理得如此井然有序，也不由得心生敬佩之意。

酒筵上，宾主频频祝酒，气氛甚为和谐。齐桓公乘机说起伐楚之事，欲邀鲁侯共同出兵。鲁僖公慨然道："昔日，鲁国得蒙君侯和相国无私相助，方有今日的国安民富。君侯在剿灭狄夷，救邢、存卫之时，鲁国因内乱刚息，百废待举，无暇他顾。如今要讨伐楚国，本公执鞭前驱，助君侯一臂之力。"

齐桓公没想到如此顺利，欣喜之色溢于言表，道："有君侯相助，楚国何足道哉！"遂与鲁侯订立密约，翌年春择日伐楚。

就在伐楚紧锣密鼓地进行谋划筹措之时，楚国的探子已听到了风声，即刻飞报楚王。

楚成王大怒，即刻召子文商讨对策。

子文道："中原大军此番来犯，必定要与楚国一决雌雄。依臣之见，中原大军既于明春来犯，我可抢先下手，派遣大军一举降伏郑国，去掉中原的屏障，斩掉齐桓公的羽翼。当可煞一煞中原之师的锐气！"

楚成王采纳子文计策，当即调遣人马，向郑国大举进犯。

王子成父出使郑国，晓之以理，动之以情，成功说服了郑文公出兵伐楚。就在王子成父离开郑国不久，楚国大军便已兵临城下。

郑文公性情懦弱，见楚军来势凶猛，登时方寸大乱，意欲向楚国求和。

大夫孔叔极力反对，对郑文公道："大王不可如此行事！数十年来，齐桓公屡屡与楚国交恶，皆是为了郑国，甚至在楚国向齐国大献殷勤、要求修好之时，齐侯为了暗助郑、宋两国，以使中原盟约得以巩固，而对楚国的献媚不予理睬。齐侯有德有恩于郑，大王又刚刚答应王子成父将出兵助战，我若背弃与齐国的盟约，则为不信；屈服于楚国，则为不义。况且，中原大军不日将至，郑国如顺服楚国，齐侯必恼恨郑国胜于恼恨楚国，到那时郑国恐怕要大祸临头了。"

郑文公听孔叔所言甚有道理，便问："楚军骤至，爱卿以为寡人该如何行事？"

孔叔答道："依臣之见，不如坚守城池，一边抗击楚军，一边向齐国告急求援。如此，既可显示郑国并非等闲，谁也不敢小觑；又可在中原盟约国中一展大国之风范。以示齐侯、管仲为维系中原盟约之尊严，绝不会见死不救。"

郑文公沉思一下，方点头道："好！就依爱卿之见。"说罢，即派孔叔火速前往齐国求救，一边调集兵马迎击楚军。

谁知孔叔尚未出发，王子成父却去而复归。郑文公见王子成父风尘仆仆，满面大汗，十分惊诧，问道："将军为何去而复来？"

王子成父道："我家大王和管相国闻听楚国出兵侵郑，生怕郑国再遭劫难，便向外臣授以密计，让臣火速返回郑国。事情紧急，外臣不敢耽搁，当即快马加鞭重返贵国。"

郑文公大喜道："管相国有何妙策可退楚军？"

王子成父道："可让贵国臣民四处传播，声言齐桓公率中原十万大军正火速向南进发，扬言不荡平楚国，誓不回师。以扰乱楚军军心，延缓其进攻的势头，争取时间。并请大王约定日期，请郑国或君或臣，率领一支人马出虎牢关，屯于上蔡之地，等候中原大军一到，协力伐楚。"

郑文公和孔叔听罢王子成父的转述，见管仲安排得如此周密，不由得对管仲又是感激又是钦佩。郑文公一颗忐忑不安的心也才终于放了下来，抗击楚军之心更加坚定。

公元前656年春正月，齐桓公小白、鲁僖公申、宋桓公御说、郑文公捷、陈宣公杵臼、卫文公毁、曹昭公班、许穆公新臣，共八路诸侯联合伐楚。

不出管仲所料，蔡国没有出兵。齐桓公按管仲预先设谋，与另七路诸侯兵马会集后，先行讨伐蔡国，以示惩罚。

大军浩浩荡荡杀向蔡国都城，谁知竟是空空荡荡的一座死城。

齐桓公见状，大惑不解，伐蔡之事乃是他与管仲密谋之事，知道的人甚少，会集王师后，口口声声均是讨伐楚国，从未提到过伐蔡之事，又是何人何时走漏了风声呢？齐桓公独自坐在中军大帐中，恼恨不已。

管仲却不动声色，请齐桓公升帐议事，说对蔡人潜逃空城之事自有交代。齐桓公将信将疑，只召集齐国的谋臣将领议事。

众将陆续来到中军大帐后，管仲大声宣布蔡国君臣百姓先行潜逃，乃是有人泄露了军机，当以军法严厉惩处。

众将面面相觑，均不知是谁走漏了风声。竖刁也在角落中装作无事一般，眼角却不时地扫视着管仲，暗中窥测。

管仲向众文武扫视一眼，目光落在竖刁的身上，冷冷地问道："竖刁，你可知是谁泄露了军机？"

竖刁身子一颤，接着嘿嘿干笑几声，故作镇静地说道："在下不知。"

管仲突然大喝一声："刀斧手，将竖刁拿下！"

两边众甲士一拥而上，将竖刁掀翻在地捆绑了个结实。齐桓公和众将都很惊讶，目光一齐投向管仲。

竖刁死乞白赖地喊道："冤枉！小人冤枉啊！"

管仲嘿嘿冷笑，道："不是你出使蔡国之时泄露了伐蔡之事吗？何冤之有？"

竖刁大声抗辩道："竖刁在蔡国之时，守口如瓶，并无一字泄露，此事赖到竖刁头上，岂不是天大的冤枉吗？！"说着，乞怜的目光瞅着齐桓公求救。

齐桓公果然迟疑着问："仲父说是竖刁泄露了军机，可有什么真凭实据吗？"

管仲郑重说道："此是人命关天的大事，大王以为臣能凭空捏造吗？"说罢，又盯视着竖刁冷冷地说道："看来，你是不见棺材不落泪了？"他向着帐外大喝一声："进来！"

帐外一人应声而入，向齐桓公叩拜。

众人看时，却是竖刁出使蔡国时的贴身随从。

竖刁一见其人，顿时瞠目结舌，面如死灰，身子瑟瑟颤抖如筛糠。

管仲瞅着那随从威严地说道："讲！"

"是！"那随从答应一声，便当着齐桓公和众文武的面将竖刁出卖军机之事一五一十地讲述一遍，直听得众文武个个怒火中烧，咬牙切齿地瞪着竖刁，恨不能将其一刀挥为两段。

原来竖刁到了蔡国，递上齐桓公檄邀出兵文书以后，见蔡侯不但仍冷冰冰地接待他，而且派人在他所居住的公馆周围潜伏，暗中窥视他的言行。到了晚间，竖刁独坐室中侧耳细听，听到窗外有动静，知道有人伏在窗外偷听，便将计就计，嘿嘿冷笑着自言自语道："咳！如此一个优美富庶之国，不日将要化为灰烬。想我竖刁虽有好生之德，也是无可奈何，可叹啊可叹！……"

竖刁此招果然奏效，暗探将竖刁之语飞报蔡穆公。蔡穆公惊疑不定，派宰相到公馆探听虚实。果然，夜深人静之时，蔡国宰相亲自前来嘘寒问暖，并送上珠宝玉帛各一箱，以示慰问。竖刁欣然受之。

翌日晨，蔡穆公一反常态，毕恭毕敬地来见竖刁，竖刁则大模大样，显得极为傲慢。蔡穆公心中虽然恼恨，但因有求于竖刁，亦不敢表露丝毫，强装笑脸道："大夫是盟主的心腹之人，一定尽知盟主的心思吧？"

竖刁大大咧咧地说道："略知一二吧，但不知大王要问什么？"

蔡穆公哭丧着脸道："因小妹不懂规矩，得罪了你家大王。本公又一时糊涂而出言不逊，你家大王乃是中原盟主之尊，岂能善罢甘休！今日传檄出兵，一定另有蹊跷，望大夫教我如何方能脱解，本公必有厚报！"

竖刁乃是宵小之辈，夜里得到了价值连城的珠宝玉帛，听说还有厚报，便如饮下了迷魂汤，早已飘飘然，忘记了自己的身份，遂将齐桓公大会七路诸侯，先讨蔡、后伐楚的重大军情，点滴不漏地泄露于蔡穆公。

蔡穆公大惊失色，对自己的草率行事懊悔不迭，想到楚国此刻面临大军压境，已是自顾不暇，蔡国国小力微，如何抵挡得住中原大军？他当即露出重与齐国修好之意。竖刁却生怕蔡侯顺服齐国后，泄露其收受贿赂私通敌国之事，便恐吓道："我家大王已将大王您恨之入骨，屡屡发下重誓要将蔡城夷为平地，以报夺姬受辱之恨。不日各国大军将汹涌而至。大王还是及早逃遁至楚国，方为上策。"

蔡穆公万般无奈，只好收拾细软，率领宫眷，恓恓惶惶逃往楚国。百姓见国内无主，又听说中原大军将要屠城，顿时扶老携幼逃散一空。

竖刁自以为得计，携带珠宝玉帛回归齐营。

也是竖刁利令智昏，在做这笔无耻勾当之时，竟全然不避随从。随从在临行之前已受管仲重托，要他暗中监视竖刁的动静。竖刁自以为此事神不知鬼不觉，却不料一言一行均在管仲的掌握之中。

但竖刁终归是刁猾之徒，随着那随从的述说，他已渐渐冷静下来，想到那随从口说无凭，只要来个死不认账，又有齐桓公的袒护，管仲也奈何他不得。果然，管仲再问时，竖刁狡辩道："相爷不要听这人满嘴喷粪！这人一路上不安分守己，常做偷鸡摸狗之事，被在下多次严加斥责，所以怀恨在心，有意诬陷。望相爷明察，不要冤枉了好人。"

管仲冷笑道："我会明察的。"说罢，大声命令道："搜查竖刁的营帐！"

几名侍从应声而去，果然在竖刁的营帐中查获珠宝玉帛各一箱，与随从所说一般无二。管仲厉声道："人赃俱获，还有何狡辩？"

竖刁乞怜地瞅着齐桓公，身子早已委顿成一团泥。

管仲黑着脸转向大司理宾须无，冷冷地问："请问大司理，两军交战，接受敌国的贿赂，该当何罪？"

宾须无断然回答："斩首！"

"故意泄露军机大事，该当何罪？"

"斩首！"

管仲再不迟疑，大喝道："将竖刁推出去，斩首示众！"

竖刁没想到竟能致死，趴伏在地，向着齐桓公叩头如捣蒜，涕泣哀告："大王救命！大王救命啊……"

齐桓公终于心中不忍，骂了一声"混账东西"！转而对管仲求情道："竖刁私通敌国，罪该万死，看在他为寡人自戕身躯和一心一意侍奉众位娘娘的份儿上，请仲父饶了他的一条狗命吧。"

管仲当初答应调换竖刁出使蔡国，乃是知道竖刁利欲熏心，有大卫姬从中作祟，加之蔡侯的重金贿赂，必会泄露军机。如此，正可让蔡侯一走了之，避开一场杀戮，以免齐、蔡两国结下深仇大恨，又可乘机除掉竖刁。易牙、开方二人均看竖刁的眼色行事，乃是三恶之魁。打蛇先去其首，除掉竖刁，其余二人不足为虑，便可使齐国少了一大祸患。但齐桓公亲自求情，却又不能不顾及情面。于是，管仲喝道："死罪饶过，活罪难免！拖下去重责三百鞭！"

行刑士卒当即将竖刁掀翻在地，剥去上衣，开始行刑。这些士卒痛恨竖刁平日狗仗人势，作威作福，所以着力鞭打，"啪啪"有声，一鞭一道血痕，直打得竖刁皮开肉绽，杀猪般号叫。

齐桓公不忍目睹，别过脸去。众将则暗暗称快。

打到后来，竖刁只有哼哼唧唧、哀号呻吟之声了。

打完鞭子，管仲命将竖刁送回齐国，责其永世不得参与齐国政事。竖刁虽怀恨在心，但知管仲不论在齐国，还是在齐桓公心中，均是如日中天，要想扳倒他，实如蚍蜉撼树。所以，只有在暗中咬牙切齿，诅咒管仲早死。不过，管仲在世期间，他确是收敛了凶焰，再也不敢为非作歹。

料理完蔡国泄密之事，齐桓公率大军正要向楚国进发，忽有许国率军大将宾虚啼泣着来报："我家大王不幸病薨于军中。"

齐桓公愕然道："昨日许公还好好的，怎么如此之快便去了？"

宾虚哭诉了事情的经过。

原来，许国接到齐桓公出兵助战之邀后，许穆公正抱病在身，听说各国均为国君亲自率师出战，自思也不可堕了许国的威风，同时也为表示许国忠于盟约，才亲自带病出征。没想到经此一路颠簸折腾，又染风寒，病愈发沉重，终于溘然长逝。这显示了许穆公守信之壮烈，却也证实了管仲一手造就的中原盟约现已稳如磐石。

齐桓公大为伤感，率六国诸侯为其发丧，用高过穆公爵位两级的"侯"的葬仪，将穆公罩以衮衣安葬。这在当时并非破坏礼仪。周礼规定，凡为周天子作战而死于征途中，位加二等，可着衮衣安葬。许穆公为王师伐楚而亡，所以予以厚葬。

在举葬之时，齐桓公老泪纵横，痛致悼词："许公勤恳国事，一心事盟，小白敬佩至极而与公交厚，情同手足。公闻楚蛮肆虐中原，愤而抱病征战，不幸先薨，其勇其烈，可勉可嘉。原只望与公同为王室建勋，尚未出师，先折吾一臂。苍天何其不公！小白痛乎！哀哉！"悼罢，抚棺大恸。

众诸侯见齐桓公对一小国国君如此动情，均大为感动，方知盟主为人情深义重，盟约也决非一纸空文，事盟约之心愈加坚定。

七、辩士屈完

八国之师晓行夜宿，一路南进，直抵楚国疆界。齐桓公命安营扎寨，召众诸侯共同商讨攻楚之策，忽报楚国使臣屈完求见。

齐桓公一时默然无语，知道果然是竖刁泄露了伐楚军机。沉吟良久，方问管仲："楚使此来所为何事？屈完又是何等样人？"

管仲道："楚王早已知悉大王率师征讨其国，不以大军迎击，却遣来使者，以臣猜测，必是来游说大王。对于屈完，臣也略知一二。屈完为人刚直，善能舌辩，位居令尹子文之下，同为楚成王的左膀右臂。"

齐桓公又问："寡人如何应对？"

管仲慨然道："大王自可放心让其进见，臣当以大义相责，使其自感理屈惭愧，能不战而使其屈服那是最好不过。"

"好。"齐桓公答应一声，便命楚使进见。

屈完衣冠整齐，神色坦然，进入营帐后趋步上前拜见齐桓公："外臣屈完，拜见大王。"

齐桓公问道："屈大夫来此有何贵干？"

屈完道："我国大王闻知上国大军将临于敝邑，命下臣屈完在此恭候多时了。今日终于得见中原盟主和管相国风采，实是外臣之幸！"

齐桓公见屈完举止庄严，言语恭敬，便也和颜悦色地问道："屈大夫不会不知道吧，寡人率中原大军乃是来向楚国问罪的，你家大王还要大夫来此相候吗？"

屈完微微一笑，道："正是！我家大王要外臣在此相候，乃是有一事不明，要请教大王。"

齐桓公脸色一沉道："何事不明？道来！"

屈完道："齐、楚各居一方，齐国位居北海，楚国近于南海，可谓风马牛不相及。去岁，敝国也曾主动请求与贵国修好，却无回音。今日大王不问青红皂白，突率大军压境，敝国君臣实不知何故。敢请大王赐教！"

管仲见屈完神色恭敬，谈吐有致，但言词中隐含着强硬和辛辣，果然不愧是楚国第一舌辩之士，如不先行驳倒他，何以降伏楚王？

管仲想到这里，冷笑一声说道："些许小事，无须盟主亲答。管仲久闻屈大夫乃有智之士，该不会不知道，昔日周成王封吾先君太公于齐，并赐命征讨大权吧。"

屈完看了一眼管仲，心道："这便是闻名遐迩的管仲管夷吾了，我当小心应对，以免堕了楚国的威风。"

想到这里，屈完答道："在下略知一二。"接着背诵道："对于五侯九伯，如有忤逆朝廷之举，均可代行讨伐，以夹辅周室。其征伐范围，东至大海，西至黄河，南至穆陵，北至无棣。"

管仲见屈完对齐国的历史如此了如指掌，心中暗自佩服。但他脸上却神色不动，又问道："大夫可知，楚国当在征伐范围之内？"

屈完平静地回答："知道，但不知楚国犯了何罪，要大王率八国大军来讨伐？楚国总不能无罪而受伐吧！"

管仲冷笑道："楚国居于南荆之地，自应岁岁向王室进贡包茅，以助周王天子祭祀众神。可楚国久不进寸草，致使天子无物滤酒，无法祭祀，才使众神动怒，王室凋落，这是其罪之一。十数年来，楚国仗恃着国大兵强，屡屡侵扰郑、宋，使其两国穷于应付，社稷不稳，百姓不安，这是其罪之二；郑、宋乃是中原盟约之国，我家大王身为中原盟主，承蒙周天子之托，岂能见其盟国饱受战乱之苦而坐视不救吗？这又岂是大夫所言'风马牛不相及'吗？楚国此两大罪状，天下有目共睹，大夫还有何话说？"

屈完久闻管仲文韬武略皆臻化境，辅佐齐桓公霸主中原，长盛不衰，今日听其一番言词，引经据典，咄咄逼人，果然煞是厉害。但他最担心的却是管仲质问楚国僭号称王之事，若问，他实是无言以对。他不知管仲为何避而不谈，却以琐事相质。管仲不问，他乐得不答。他的语气虽然顿时和缓下来，但自知不能堕了楚国的威风，于是以守为攻地辩解道："管相国所言固然句句是实，却是只知其一不知其二：敝国朝贡久废确是实情，却是周室朝廷失其纲常、无力统治天下在先，并非因缺了楚国包茅滤酒，触怒众神所致。何况，据屈完所知，天下诸侯又有几家朝贡了？

岂唯南楚一家？虽然如此，听闻贵国君臣为事王室，不辞劳苦，千里奔波至敝国，敝国大王大为感动，欣然答允如常进贡包茅，特命微臣前来向中原盟主并各家君侯言明。此事已善为了结，大王总不会因一茅草而与敝国兵戈相向，杀个昏天黑地，涂炭生灵吧？”

管仲见屈完对答如流，也暗自佩服他的应变之才，接口说道：“朝贡之事，如大夫所言是实，那自是再好不过。可侵扰郑、宋之事，却又作何解释？”

屈完一时无言以对，稍一沉吟，方道：“古语说，兼听则明，偏听则暗。管相国远居北地，又怎能偏听偏信郑、宋一面之词呢？”

管仲冷笑一声，紧追不舍：“诚如大夫所言，倒是郑、宋两国以其弱旅，屡屡欺侮强楚了不成？”

屈完到底不愧为楚国的雄辩之才，对于管仲的步步紧逼，仍能不慌不忙地回答道：“郑、宋两国左右摇摆，盟不终一，今日盟楚，明日盟齐，所以才招致兵祸。假若现今郑、宋背弃齐国，复与敝国结盟，齐国又岂能坐视不管，不来讨伐吗？”他不想再与管仲争辩下去，接着大声道：“敝国大王遣屈完前来，是为言明进贡包茅之事。至于郑、宋，既与齐国结盟，如彼不先滋扰生事，楚国自会与其相安无事。”

屈完说完这番话，即告退返楚。

齐桓公见屈完离去，问管仲道：“听屈完之言，仲父以为，楚国是决意一战呢？还是意欲求和？"

管仲略一沉吟道："楚王欲图中原已久，楚军也颇为强悍，决非仅凭口舌之辩可以使其屈服。且，屈完所言乃是试探口风，并非屈服之意。依臣之见，仍以大军进逼为上，到时见机行事。"

齐桓公即传命八路兵马同时向楚地纵深进发，直至楚国腹地的陉镇，方才停顿下来。这时，大军已逼近汉水，只要渡过汉水就可直逼楚国都城郢。齐桓公下令："大军就地屯扎待战！"

齐桓公召集众诸侯至中军帐议事。

众诸侯皆对突然停止进兵不解其意，郑文公最是担忧，问道："大军已深入楚国腹地，正可趁势渡过汉水，与楚军决战，为何反而滞留此地不进？"

管仲解释说："楚国派遣屈完前来，一是试探，二是向中原之军显示，楚军早有防范。我中原之军虽声势浩大，但经过长途行军，跋山涉水，已是人困马乏。而楚军则是以逸待劳。我以疲怠之师攖其锋，必不利。"

郑文公蹙眉道："如管相国之言，八国大军知难而退，岂非前功尽弃了吗？"

"大王少安毋躁。"管仲看着郑文公微笑道，"臣观屈完之意，楚尚在战与和之间游移不定，如仓促交锋，则不可复解，就只有决战一条路了。今我屯兵于此，虚张声势，正是为了迷惑楚军。楚既惧怕八国之兵势不敢主动交锋，又不知屯兵此地为何意。数万大军驻扎在国家的腹地，楚国君臣必是夜不安寝，食不甘味。

日久，必将再次遣使前来，那时强楚即可降伏了。中原之师以讨伐楚国而大动兵戈，以不伤一兵一卒而降伏楚国，岂不是美事一件？诸位君侯只管安心等待，管仲自有平楚之计。"

听说中原大军到达陉镇后，便安营扎寨，再不见动静，楚成王不知何意，召集群臣商讨对策。斗章等一干武将主张要战，屈完等一班文臣主张要和，一时议决不下。最后还是子文献计道："管仲文韬武略，极善用兵，没有必胜之把握，决不会草率发兵至楚。今以八国之师，逗留于陉镇不进，管仲必有奇谋，我军决不可轻举妄动。"

楚成王虽口吐狂言，但真与八国诸侯大军交锋厮杀，他心里也实在没有必胜之把握，所以并不力主决战。听了子文所言，便问："如卿之见，寡人应如何行事？"

子文道："当派遣使臣再往齐营，待弄清其虚实和意向之后，大王或战或和，再决定不迟。"

楚成王点头同意，鉴于屈完能言善辩，且与管仲有一面之交，仍派遣他前往齐营。

屈完已深知管仲之能，又已见识到中原大军之盛，知道以楚一国之孤旅，决难与之抗衡，所以力主与中原各国请和修好。见楚成王仍派遣他去齐营，便提议道："由于楚国缺贡包茅，成为北军以王师之名问罪楚国的借口。臣前次见齐桓公，斗胆代大王承认其咎，并非示弱，而是意在罢兵修好。现今，大王如若有请盟之意，臣当再往齐营，勉力说和，以解除齐、楚两国之纷争。

其余七国，唯齐桓公马首是瞻，齐国一和，七国不战自退。大王如欲与中原大军决一死战，恕臣口拙力微，请另行派遣能者吧。"

楚成王对屈完的爽直甚是嘉许，知臣者莫如君，他也深知屈完非等闲之辈，去齐营必不会堕了楚国的威风，于是鼓励他道："是战是盟，任卿见机而行吧，寡人授权于卿，决不相责！"

屈完这才欣然受命，再次来到齐营，请求觐见齐桓公和管仲。齐桓公不知屈完复来何意，问于管仲。管仲道："必是请盟，大王应以礼相待。"说罢，管仲亲自出帐相迎，与屈完互致问候，携其手进入大帐。屈完甚感亲切。

屈完拜见齐桓公。齐桓公答礼，问其来意。

屈完到了齐营后受到管仲热诚相待，和意更决，见齐桓公问，便不再绕弯遮掩，坦诚说道："因敝国不纳贡之故，致累大王兴师动众，千里南征，敝国大王深感其咎，今令屈完再来致歉谢罪，并有意与齐国修好。"

齐桓公看看管仲，管仲替齐桓公答道："但不知贵国有何要求？"

屈完道："没有大的要求。只是中原大军长驱直入敝国腹地，如城下请盟，世人均以为楚国乃是迫于威势而降服，我家大王还有何颜面见楚国百姓？屈完斗胆请大王屈驾退师三舍，以示尊重敝国，屈完一定说服我家大王与大王您握手修好，永不反悔！但不知大王对敝国有何要求，方能退师？"

齐桓公听从管仲之议，也有与楚国罢战讲和之意。见屈完所言甚是明快，便也说道："屈大夫贤明，辅佐你家大王再重修朝廷旧职，并复贡包茅，使寡人能向天下人扬言，楚国已尊奉周礼就可以了，其余复有何求？！"

屈完大喜，连连称谢。

齐桓公道："寡人已经答应与贵国结盟，下面就是你和管相国的事情了！"屈完即拜别齐桓公，由管仲相引到其帐中商讨结盟的细节。

屈完见管仲名贯天下，却无丝毫盛气凌人之态。大兵压境，却又不贪功冒进，统驭数万大军，竟能指挥若定，收发自如，不由得大为敬佩。管仲见屈完坦然自如，不卑不亢，做事更是当机立断，毫不拖泥带水，与自己性格大为相近，也是颇感亲近。二人虽各为其主，但互敬互重，秉烛夜谈，越谈越投机，竟大有相见恨晚之意，遂引以为友。翌日晨道别之时，更是互为勉励，由屈完说服楚王，由管仲说服齐桓公和另七国诸侯。这才致礼相别。

屈完回到楚城，即向楚成王和令尹子文详述了出使齐营的经过，最后说道："齐侯已向臣作了重诺，八国之师即刻撤后三十里，以示对楚国和大王的尊重。臣则代大王允诺，即向周室朝廷复贡包茅，大王可不能失信啊！"

两日之后，屈完果然再入齐营。他先去拜见管仲，送上两辆遮掩甚密的戎辂，再向齐桓公献上犒军之物。

齐桓公当着屈完之面，即命分派给八国诸侯。而后亲自验过包茅，仍令屈完带回，由楚国自行进贡。一切交接完毕，各自松了一口气。

齐桓公方得意扬扬地对屈完道："大夫可曾目睹过我中原大军？"

屈完一见齐桓公的口气和神色，便知何意，故意说道："屈完僻居南疆一隅，眼界狭小，无缘得瞻中原大军之声势，常引以为憾，如大王不吝，外臣愿借机一观。"

此言正中齐桓公下怀，当即命侍从备车，与屈完观赏八国大军的营寨。管仲亦知齐桓公的用意，悄声嘱咐道："屈完乃是楚国的贤明之士，大王且不可失了礼数。"齐桓公微笑不语。

齐桓公与屈完同登兵车，遍游八国营寨。

屈完见八国兵马各占一方，络绎数十里不绝，军纪肃整，旗甲鲜明，不由得暗自心惊，庆幸没有仓促与之交锋，否则以此声势，加上管仲、齐桓公统军之能，楚军安能不败！虽如此想，但他的神色仍很坦然。

兵车行至鲁营时，突然中军大营鼓起，另七方大营鼓声遥相呼应，顿时如万马奔腾，山洪倾泻，雷霆轰鸣，果然有着惊天地泣鬼神的威势。

齐桓公开始还将管仲的嘱托放在心上，言谈谨慎。他的目光不时地瞟向屈完，以观察屈完的反应，听到鼓声震荡四野，他终于掩饰不住心中的得意，看着屈完豪气地说道："寡人以此大军征战天下，谁能抵御？以此大军攻城，何城不克？以大夫观之，中原大军比之楚军如何？"

　　屈完面无惧色，微微一笑，语含讥讽，说道："据外臣所知，大王所以主盟中原数十年而不衰，乃是由于周天子的重托、大王的贤明豁达、管相国匡时济世的才能，三者缺一不可，又岂是因为仗恃此兵戈之威？以外臣浅陋之见，大王若能一如既往，以天下黎民百姓为重，广施德义于诸侯，有令则行，有禁则止，不怒而自威，天下谁敢不服？但若恃众逞强，别说中原诸侯未必肯服，便是偏小如楚国，有方城为城，以汉水为池，池深城峻，加上众人一心，大王虽有百万之众，千乘兵车，又能奈我何！"

　　齐桓公听了屈完之言，面露惭色。他这才明白不听管仲嘱托，果然是自取其辱。但他到底胸怀大度，见屈完浩然正气，不由得为之钦佩，脸色微微一红，口气登时转为谦和，说道："果如管相国所言，大夫果真大智大贤之才！"

　　次日午后，在召陵（今河南省漯河市）设立盟坛。

　　齐桓公执牛耳为主盟，管仲为司盟。屈完称奉楚君之命，与各家诸侯讲和修好，共定盟约："自今以后，楚国与中原齐、鲁、郑、宋、陈、许、曹、卫之国世通盟好，永不相欺。苍天可鉴！"

　　而后，齐桓公率先歃血，七国诸侯与屈完依此受歃，完成盟约仪式。

　　自此，由于管仲之谋、屈完之力、齐桓公之贤，终于避免了一场牵动十余个国家的南北大战。

八、葵丘会盟

周惠王的王后原为姜氏，生子名郑，已立为太子。突然姜氏得病去世了，便由妃子陈妫继为王后，史书上称为惠后。惠后也生有一子，名叫带。这母子二人工于心计，善于逢迎，因而王子带深受周惠王的宠爱，朝中呼为太叔。太子郑失去了母亲也就失去了内援。惠后却能在枕边耳畔百般滋润。逐渐地，周惠王便有了废嫡立庶的念头。太子郑自然有所察觉，只是无可奈何，整日独自发愁，以泪洗面。

就在太子郑无计可施之时，恰巧齐国的大夫隰朋到周王室来报告召陵之盟的事情。他汇报完顺便向周惠王请求要见一见太子郑。这一要求按理来说是非常正常的，也是合情合理的，但隰朋却看到惠王满脸的不高兴，似有难言之隐。尽管不高兴，惠王却又不敢得罪大国的使者，只好让太子郑与王子带一起出来拜见隰朋。惠王在介绍时，主要夸奖了王子带多么聪明能干，对太子郑却没有任何介绍。聪明绝顶的隰朋见此光景，心中早就明白了八九分。回到齐国后他对齐桓公说：天子偏爱王子带，太子郑的位置恐怕保不住了。这样，周室又将乱了！齐桓公听罢心中不悦。他说："为了王位继承问题，王室已经发生了几次内乱，难道这样的悲剧还要重演吗？"于是他召来管仲商议弭乱的对策。

管仲说："太子不被周王喜欢，处境危急，同党之人必然很少。您可以上表天子，请太子出来参加诸侯的盟会。太子的名字一旦写进盟书里，君臣的名分就确定了，周王虽然想废立也就难了！"齐桓公按照管仲的意见派人约定各国明年夏天在卫国的首止（今河南省睢县东南）会盟。同时再次派隰朋入周，对周惠王说："诸侯们都希望一睹太子的风采，请太子亲临盟会以表达诸侯们的尊王之情！"周惠王虽然不想让太子郑参加盟会，但因齐国势力强大，隰朋说得又名正言顺，无法拒绝，所以只好答应了。

公元前 655 年春天，齐桓公派人先在首止修筑行宫以待太子驾临。八月初一，秋风送爽，瓜果飘香，齐、宋、鲁、卫、陈、徐、曹、郑等八国之君齐集首止。齐桓公率领各位诸侯和太子郑一起登坛。齐桓公对太子行礼，太子郑一再谦让，坚持要用宾主之礼相见。齐桓公说："小白等愧在封国，见太子如同见王，怎敢不行稽首之礼！"于是齐桓公率八国之君歃血为盟，盟词为："凡我同盟，共翼王储，匡靖王室。有背盟者，神明殛之！"太子郑作揖及地，十分感谢诸侯的拥戴大恩，众人慌忙沿阶而降，再拜于坛下，对太子行稽首之礼。第二天，太子郑整驾返周，八国诸侯率领车徒护送，齐桓公与卫侯又一直送出卫国国境，方才拱手，互道珍重，依依而别。周惠王见诸侯们都心向太子，废嫡立庶的念头就只能打消了。不久，周惠王病死了，齐桓公又应王子郑的约请，派隰朋率领各国大夫入周，会同王朝卿士共同拥戴太子郑继位，这就是周襄王。

公元前651年春祭之后，周襄王突然想起齐桓公安定王室的巨大功绩，想到自己之所以能保住太子之位，能继位为君，全凭齐桓公的巧妙安排与周旋，没有齐桓公，也就没有我周襄王。想到这里，他便唤过太宰周公孔来，要他作为自己的代表，把献于文王、武王灵前的祭肉分出一块，赐给齐桓公。按照当时的风俗习惯，这可是一种莫大的荣耀，所以早有探事者向齐桓公通报。齐桓公决定要乘机大力宣传，向天下夸耀。于是分头约请诸侯齐聚葵丘（今河南省商丘市民权县城东17.5千米处），举行盛大的迎接祭肉的仪式。

相会之日，衣冠济济，旗帜如林，环佩叮当，鼓声雷鸣。诸侯们先让天子使者登坛，然后依次而行。坛上设置了天子的虚位，诸侯面北拜稽，如同朝见天子一般，然后依次就位。太宰周公孔捧着祭肉面东而立，传达新王的命令：天子祭祀了文王与武王之庙，让小臣孔赏赐伯舅一些祭肉。齐桓公准备下阶拜谢、接收祭肉，太宰孔赶忙制止说："天子有命，因伯舅年迈，多加慰劳，无须下拜！"齐桓公正准备照此去做，管仲在旁低声道："天子对臣下谦逊，臣下更应对天子尊重才是。"齐桓公立即领悟管仲的用意，赶忙大声对众人道："尽管天子体恤臣下，但小白始终不敢忘记自己的身份，倘若不敬天王，上帝的惩罚就不远了。"齐桓公急步走下台阶，再拜稽首，然后再登坛领受祭肉。诸侯们见齐桓公如此有礼，尊重天子，会场的气氛也因此变得更加肃穆。与祭肉同赐的还有彤弓矢和大路。彤弓矢原是指红色的弓和箭，大路是指诸侯入朝见周天子时乘坐的大车。在周代，这些都是天子最高军事指挥权的象征。周襄王用这些赏赐齐桓公，表明周王朝已经正式承认齐桓公在诸侯中的领袖地位。这表明齐国的霸权不仅得到了周王朝的正式承认，也表明其霸权达到了顶峰。

齐桓公深切地感受到自己的威望已达到了巅峰，于是又率领诸侯重订盟约，要各诸侯共同遵守，盟词的主要内容是：不准堵塞泉水，不准囤粮不卖，不准废嫡立庶，不准立妾为妻，不准妇人参政，不准杀戮大夫，不准赏而不报盟主，等等。这些规定有利于加强各国之间的团结互助，也有利于安定内部的统治秩序，因而诸侯们都乐于接受，大家一齐立誓说："凡我同盟，言归于好，订盟之后，共遵约束，毋背盟约！"

齐桓公回到临淄后，感到功德圆满，于是大建宫室，务求壮丽。凡乘舆服饰一切用器皆如天子，国人多议论他僭越。管仲见此，也在府中筑台三层，号为"三归之台"，意思是民人归、诸侯归、四夷归。又立塞门，以隔内外。设置反坫，以待列国使臣。鲍叔对管仲这些僭越的做法感到不解，就问管仲说："君王奢侈你也奢侈，君王僭越你也僭越，不应该吧！"管仲道："人主辛劳建功立业，也图快意为乐。如果总用礼法去约束他，他就会生懈怠之心。我之所以这样做，就是为国君分谤啊！"

九、管仲之死

公元前 645 年春，为自己的理想、为齐桓公的霸业而呕心沥血一生的管仲与世长辞，享年八十五岁。

管仲病危之时，齐桓公去探望，眼见管仲是难以痊愈了，于是同他谈起了谁能做他的接班人的问题。

齐桓公委婉地问道："仲父的病很重了，若此病不愈，国家大政我将转托给谁呢？"

管仲回答说："可以转交给隰朋。隰朋的为人，有远大眼光而又虚心下问。我认为，给人恩德叫作仁，给人财物叫作良。用做好事来压服人，人们也不会心服；用做好事来熏陶人，人们就不会不心服。治国有有所不管的政务，治家有有所不知的家事，这只有隰朋能做到。而且隰朋的为人，在家不忘公事，在公也不忘私事；事君没有二心，也不忘其自身。他曾用齐国的钱，救济过五十多户难民，而受惠者却不知是他。称得上大仁的，难道不是隰朋吗？"

接着，管仲又对齐桓公的几个大臣分析说："鲍叔为人耿直，但不能为国家牺牲其直；宾胥无为人好善，但不能为国家牺牲其善；宁戚为人能干，但不能适可而止；曹叔宿为人能说，但不能取信后就保持沉默。据我所知，按照消长盈亏的形势，与百姓共屈伸，然后能使国家安宁长久的，还是隰朋。隰朋的为人，行动一定估计力量，举事一定考虑能力。"

　　说到这里，管仲深深地叹了一口气说："上天生下隰朋，本是为我作'舌'的，现在我身子都死了，舌还能独活吗？"

　　管仲知道齐桓公贪图享受，亲近小人。虽然他曾多次告诫齐桓公，要远离这些"城狐社鼠"，但齐桓公一天也离不开他们。管仲健在之时，尚能控制这些小人，不至于祸国殃民。即便如此，也曾出现过齐桓公宠幸的阉人竖刁泄露军情的恶性事件。管仲虽然足智多谋，对这些人也没有什么特别的办法。这些小人不去，他为齐桓公辛辛苦苦创下的霸业终将断送。

　　正如管仲所料，在他这个"身子"去世后十个月，隰朋这个"舌"也去世了。齐桓公先是接受了管仲的劝谏，把易牙、竖刁和卫公子开方三个佞臣赶出了宫廷，但不久就感到少了这几人吃也吃不好、玩也玩不好，生活很不愉快，心想"仲父未免对这几人有成见"，于是又把这三人召了回来。

　　管仲、隰朋相继去世之后，齐桓公就以自己的方式去处理诸侯之事。就在管仲去世不久，楚国进攻新倒向中原的徐国。齐桓公召集鲁、宋、陈、卫、郑、许、曹各国国君在牡丘会盟，商量救徐之策。会上约定，各国之师在卫国的匡地集结，一同救徐，但在当年七月进攻楚国与厉国的却只有齐国和曹国的军队，而其他诸侯实际上并没有参加救徐的行动。这在管仲在世时是没有过的事，说明这时齐国的号召力已大大降低了。楚国见除了曹国之外，其他中原诸侯都没有再追随齐国，估计齐、曹之师一时也难以攻下厉国，也就没有回师救援厉国，而是继续猛攻徐国，并于这年冬天在娄林打败了徐军。

就在齐、曹军队攻打厉国之时，宋国却趁曹国内部空虚，以曹国在三十七年前曾追随齐国讨伐宋国为借口，出兵攻打曹国。曹国受到宋国攻击，只好回师自救，结果齐、曹攻厉之师无功而返。宋国竟然攻打唯一追随齐国伐厉的同盟国，确实是目无霸主，而齐桓公对这事也是睁一只眼闭一只眼。一来是因齐桓公与宋襄公关系很好，二来也是齐国的实力已大不如以前。

第二年夏，齐国又单独出兵攻打厉国，结果仍然是无功而返。为了挽回霸主的面子，齐桓公在返回时又打出了救徐的旗帜。管仲在世时，齐国的军事行动一般都有许多中原诸侯的支持，而齐国的这两次伐厉，第一次只有小国曹国参加，第二次则没有任何国家参加了，可见齐桓公的霸业在这时确实是日落西山了。

这年秋天，周襄王因为戎人不断对周进行骚扰，请求齐国援助，于是齐桓公召集诸侯戍周。不久，曾国又以淮夷的侵凌为由向齐国求援，齐桓公又召集鲁、宋、陈、卫、郑、许、邢、曹国国君在淮地开会，商量如何安定曾国。齐桓公本来打算让诸侯之师向淮夷的根据地进攻，大概是由于各诸侯国都不太愿意，结果只是帮助曾国修筑了城池。由于参加修筑城池的民工害怕瘴气，在一天夜晚爬到山丘上高喊"齐国有内乱"，城没有修好就匆匆撤退了。

公元前 643 年春，齐国又与徐国一道进攻曾追随楚国攻打徐国的英氏，以报娄林之仇。在齐桓公召集诸侯在淮地开会之时，鲁僖公却乘诸侯把注意力放在曾国之时，悄悄派鲁军灭掉了项（今河南省项城）这个小国。齐桓公见自己的女婿也敢和自己作对，大怒，把鲁僖公扣留了下来。鲁僖公的夫人声姜因其夫被执，就在这年秋天与其父齐桓公在卞地会面，请求齐桓公放了鲁僖公。这一事件证明，齐桓公的影响力在一点点下降。而他在临死前更是凄凉。

齐桓公有三个正夫人，即周王室的女儿王姬、徐国的女儿徐嬴和蔡国的女儿蔡姬，但都没有为他生下儿子。齐桓公是一个好色之徒，宫中妇人很多，其中受到宠幸的有六人，她们每人又都生有儿子。卫国的女儿长卫姬生公子无亏（武孟），少卫姬生公子元（后来的齐惠公），郑国的女儿郑姬生公子昭（后来的齐孝公），葛国的女儿葛嬴生公子潘（后来的齐昭公），密国的女儿密姬生公子商人（后来的齐懿公），宋国华氏的女儿华子生公子雍。由于没有嫡子，这些公子都有资格继承君位。管仲在世时，齐桓公曾与他商议立公子昭为太子，并把公子昭托付给宋襄公。

易牙因善烹饪，很得齐桓公宠爱，又有宠于长卫姬。易牙与竖刁及长卫姬相互勾结，劝齐桓公立长卫姬之子武孟为太子，齐桓公竟然也同意了。但实际上到管仲去世之时，齐桓公仍然没有正式确定立谁为太子。正因为如此，管仲去世后，上述的五个公子都在公开争夺太子之位。

管仲

——打造春秋霸主的密钥

　　管仲在世之时，齐桓公几乎把所有的政务都交给了他，自己则轻轻松松地坐在霸主的宝座上尽情享受。管仲去世之后，所有繁重的政务一下子全都压在逍遥自在惯了的齐桓公身上，使他喘不过气来。加之齐国在春秋政治舞台上的地位日渐下降，而国内又陷入了最令人头痛、最为棘手的立嗣之争，这使年事已高又因好色而掏空了身子的齐桓公承受不住了。

　　公元前 643 年的冬天，齐桓公卧病不起。易牙和竖刁等趁齐桓公病重之际发动政变，把齐桓公住的寿宫的门窗全部封死，还在外面筑起一道围墙，不许人进去。有一个宫女冒险翻墙来到齐桓公住处，见到了已经很多天没吃没喝的齐桓公。齐桓公有气无力地哀告："我想吃点东西。"宫女悲伤地摇摇头回答："我找不到吃的。"齐桓公又哀告："那给我一点水吧！"宫女泣声道："我也找不到水。"桓公想到自己一世英雄，现在竟落得这般下场，全是因为没有听管仲的话，不禁老泪纵横，悲愤地叹道："哎呀！仲父真是高瞻远瞩呀！如果死者有知，我有什么面目去见仲父！"遂蒙衣而死。

　　齐桓公死后，他的儿子们为争夺君位而相互厮杀，齐国的霸业则随着晋、楚的兴起而骤然衰落了。但是，由于管仲的变法改革比较深入，涉及的层面比较广，时机又比较好，所以尽管齐桓公的后继者一代不如一代，然而至春秋之末，齐国仍然不失为东方大国。

第
五
章

管仲的政治思想

一、三国五鄙

作为政治家的管仲深知治国必须首先具有稳定的社会环境，所以他实行政治改革的措施之一就是定民之居，整顿居民编制，实行"三国五鄙"制度，然后在此基础上发展生产，加强军备，为富国强兵创造良好的社会环境。

所谓"三国五鄙"，是管仲制定的一项四民分业定居的措施。"国"指国都及城郊，"鄙"指乡村。当时的齐国，由于各种社会矛盾十分突出，有大量的无业游民和流民成为社会不安定的主要因素，不解决这个问题，国家很难安定，任何法令也无法施行。因此，管子将国都政区分成三部分，分立三军：最高权力由国君统管，同时国君又分管三军的一部分，直接统率中军；其余两部分由两个监国上卿高氏与国氏分管，分别统领左军和右军。国都内共划分为二十一乡，其中军士乡十五个，工商乡六个。十五个军士乡也分为三部分，由国君和两位上卿各管五乡。军，属于军事组织，按军事建制分级管理。乡，属于行政组织，分层设立三官、三宰、三族等，进行行政管理。工商六乡只是地方组织，各守本业，免服兵役，只做行政管理单位。凡是乡都按五家为轨，十轨为里，四里为连，十连为乡，分别由轨长、里司、连长、乡大夫管理。这种管理体制实际上也是一种权力结构，权力与职责相联系，集中与分散相结合，对防止内乱与抵御外敌都具有重要意义。"鄙"指乡村，管仲将乡村分为五个行政编制，称为五属，是为"五其鄙"。它以家为基本单位，三十家为邑，十邑为卒，十卒为乡，三乡为县，十县为属，依次由邑司、卒帅、乡帅、县帅和属大夫分级管理。五属又设五正、五牧。五正具有监督五属的职责，五牧具有监督各县的职责。他们定期考核属县，单独向国君或者属大夫报告各属、县的具体情况。五属大夫每年正月参加朝会，主要有两项任务：第一是向齐桓公报告自己所属的行政事务，第二是向朝廷推荐自己所属的贤能人才。地方官吏如果嫉贤妒能、压制贤能人才不向朝廷报告，发现后一律按"蔽贤""蔽明"之罪论处。这样便打破了以往贵族垄断政治的世卿世禄制，使大批基层的贤能人才脱颖而出，走上管理的行政岗位。

在实现"四民"分业定居的基础上，管仲在十五士乡建立了军备组织。五家为轨，十轨为里，四里为连，十连为乡，五乡一帅。如果一家出一人，则万人为一军，全国共分为中军、左军、右军三军。齐桓公率中军，国子、高子分别率左、右军。各级军事组织层层开展军事训练。由于以业定居，自幼熟悉，便于成为团结、战斗的整体，这样就增强了战斗力。

管仲的"三国五鄙"居民编制与行政组织对于振兴齐国具有重要的意义。首先，它重新建立起了齐国的行政管理体系，实现了"定民之居"制的行政区划，加强了国家的行政管理能力，并通过各级各类行政机构的建立，调整与理顺了各类职业之间的关系与每一职业内部人员的居住、生活、劳作等环境条件，从而实现了四民安居乐业的新秩序，为振兴齐国打下了坚实的组织基础。其次，它使社会分工职业化，从而实现了"成民之事"的组织保障，加强了国家对不同职业的专业化管理，使社会生产力得到极大提高。例如，手工业者集中定居，有利于提高专业化程度，更有利于选择精良器材，鉴别产品质量，交流生产技术，从而推动手工业的发展与技艺的提高。再次，它有利于士、农、工、商的全面发展。"四民"分业而居，各有其编制，使从业人员稳定，各自专业化水平不断提高。同时，这一措施有利于国家平衡各职业之间的关系，从而有利于国家的管理，有利于社会全面、协调发展。最后，在"三其国"的基础上建立三军，从而形成齐国的正规化军队组织，这有利于父子相教、兄弟相传，形成兵士的职业化，有利于进行军事训练，提高战斗力。这一措施增强了齐国的军事力量，为称霸诸侯奠定了坚实的军事基础。

二、顺应民心

管仲认为，人民是国家的基础，是根本，所以他说士、民、工、商四民为"国之石民"。认为民心向背关系到国家的兴亡，治国安邦的根本问题在于政顺民心，以人为本。有一次齐桓公问管仲，我想把自己的国家先治理好，再去谋求天下，行不行啊？管仲说当然可以。齐桓公问，治理国家应该从什么地方开始？管仲回答道："始于爱民。"爱护老百姓是古往今来有作为的政治家都必须遵循的原则。

　　管仲认为，爱民并不是喊喊口号、做做样子就行了，而是要踏踏实实地行动，要为人民办好事，给人民实实在在的利益。因此，爱民的根本就是推行仁政，实现富民、利民、政顺民心的目标。管仲说："凡治国之道，必先富民。民富则易治也，民贫则难治也。奚以知其然也？民富则安乡重家，安乡重家则敬上畏罪，敬上畏罪则易治也。民贫则危乡轻家，危乡轻家则敢陵上犯禁，陵上犯禁则难治也。故治国常富，而乱国必贫。是以善为国者，必先富民，然后治之。"这显然是从富民与巩固统治秩序的角度来看待这一问题的。管子深知无论是对国家还是老百姓而言，只有丰衣足食才能使一切都好办。百姓富有了，才能吸引他国的百姓前来投靠，国家贫穷、民生凋敝，百姓就只能往外逃，所以，治国必先富民。

　　那么，如何富民呢？管仲认为富民必须重本抑末。管仲所讲的"末"和后世的"末"含义不同，后来的"末"是指商业与手工业，而管仲的"末"是指追求豪华、奢侈的刻镂、修饰之类。管仲为相之初，齐国国力衰弱，民生凋敝，大量人口外流。管仲最忧心的就是人民能否丰衣足食，安居乐业。富民的首要任务就是发展农业，粮食是国家的根本。所以管仲坚决反对动辄剥夺农时，反对在农忙时节抽调百姓去服劳役，强调让百姓安心地按时耕作，这样百姓自然会逐渐地富裕起来。同时，国家要坚决反对奢侈、华靡之风，"工事无刻镂，女事无文章，国之富也"。除"重本抑末"之外，管仲还主张"取于民有度"，尽量地减轻农民的负担。他认为有节制地征取百姓的财富，有限度地征募百姓的劳役，这样，即使国家很小也会安泰；无限度地搜刮百姓的财富，差遣百姓服劳役，即使大国也最终会走向灭亡。

管仲爱民的另一个特点就是利民。管仲认为趋利避害是人的本性，"民之从利也，如水之走下，于四方无择也"。利民是争取民众的重要途径，"得民之道，莫如利之"。为民众谋利益，这是自古以来治国平天下的关键，所以他强调要为百姓兴利除害。《管子·正世》说："夫五帝三王所以成功立名，显于后世者，以为天下致利除害也。"《管子·治国》说："先王者，善为民除害兴利，故天下之民归之。"由此可见他对百姓利益的重视程度。

当然，富民、利民实质上都是为了争取民心，因此，在富民、利民的同时，还要使各种政令顺应民众的要求。管仲认为，百姓一定要得到他所需要的，然后才能听从上面的；百姓能够听从上面的，然后国家的政事才好做。政令必须顺应民心，才能得到民众的拥护，从而真正做到令行禁止，所以《牧民》说："令顺民心，则威令行。"

那么从哪些方面给百姓利益呢？在《管子·五辅》中，管仲将惠民、利民政策概括为六项德政：一是开垦土地，建造房屋，重视种植，勉励士民，鼓励耕作，修缮墙院，这些是为了丰富百姓的生活物资。二是开发潜藏的财源，搞活积滞的物资，修筑道路，便利贸易，热忱欢送商客，这些是为百姓输送财货的重要手段。三是疏浚积水，修通壅塞的水沟，排除泛滥的洪水，清除淤积的泥沙，开通堵塞的河道，修筑渡口的桥梁，这些都是为百姓提供便利。四是薄收租税，轻征田赋，宽减刑法，赦免罪犯，宽恕小过，这些都是对百姓实行宽大政策。五是赡养老人，慈爱幼孤，救济鳏寡，问候疾病，吊慰祸丧，这些都是为百姓解救急难。六是寒冻之人给他衣穿，饥饿之人给他饭吃，帮助贫寒百姓，赈济衰落人家，资助面临绝境的人，这是救济百姓的穷困。

这六个方面，无一不是真心实意地从百姓的生计考虑，每一项德政措施都是非常具体的。项项落实，百姓就会脱掉贫困的帽子，走上丰衣足食、安居乐业的道路。百姓人人安乡重家，国家自然就容易治理了。当然，管仲爱民、富民、利民的最终目的还是要"牧民"，就是使百姓容易统治。

三、整肃吏治

管仲在整顿居民编制的同时，层层设置了各级官吏，形成了与"三国五鄙"相适应的官吏系统。官吏是国家行政的主体，是各级政权机构的实际操作者，因此，吏治是否整肃、清明，是国家能否振兴的决定性条件之一。管仲深知其中的道理，所以他在"定民之居"的同时致力于整肃吏治。

管仲认为整肃吏治的关键是君主应该正人先正己，以身作则。这样上行下效，官吏们才不至于胡作非为。在管仲的眼里，礼义廉耻是关乎国家生死存亡的根本。但是，这些道德规范要真正变为人们行动的准则，发挥其维护统治的功能，就要求统治者首先要做到，所谓"其身正，不令而行；其身不正，虽令不从"。管仲认为统治百姓的秘诀就在于想让百姓做什么，君主就应该先做什么，把百姓往哪条路上引，就看君主喜欢什么、厌恶什么。君主的言行对于百姓具有很大的示范引导作用。

在《管子·立政》篇中，管仲论述了君主在用人的问题上应当慎重对待的三种情况：德操不能与其位置相当，功劳不能与其俸禄相当，才能不能与其官位相当。这三种情况都是社会动乱的根源，而这三种情况大多都是由君主造成的，人们在抱怨的同时自然会联想到君主的用人不当。对于那些德行笃厚而地位卑微的人，人们会说这是君主的过失；对于那些德行浅薄而地位很高的人，人们会认为是君主的失误。这样一来，那些德行操守人们还不清楚的人身居高位，品质优良的官吏就不会为君主尽力；那些功绩不大的人享受较高的俸禄，勤勉辛劳的官吏就会不思进取；那些无能的人做了大官，才能超群的人就不会为君主服务。因此，君主在用人时必须慎重从事，对于那些德行不厚的人不能将国家大权交给他们；见到比自己贤能的人不能谦让虚位的，不能让他处于高位；不能公正执法的人不能让他带兵；不重视农业、趋利胡为的人不能让他做地方官吏。

君主在任用官吏时必须举公废私，选拔那些以国家利益为重的人，君主与天下同心，以天下万民为重，社稷就会稳固。对于各级官吏来说，爱民无私同样重要。各级官吏上代表君王，下面临平民百姓，上令下达，下情上传，是君主与平民之间联系的纽带。如果他们心中没有国家社稷，没有为民谋利的意识，想到的只是谋取私利，投合君王的所好，尽量地搜刮民脂民膏，想尽一切办法往上爬，那他就不可能受到老百姓的欢迎与爱戴，对于这样的官吏必须清除。

管仲认为，如果国君举公废私，那么各级官吏就会望影随形，尽忠职守，不怀二心。对于各级官吏来说，不要侍奉君主左右的宠臣，要听从君主的任用升免毫无怨言，想国家利益之所想，勤勉尽力，遵循法制，明辨顺逆，推荐贤人，使邪佞之人不敢猖獗；侍奉国君有义，任用部下有礼，贵贱相亲，忠于国家，使上下之人各得其所。无论身处朝廷还是供职荒蛮之地，都尽心尽力完成职责，以义交人，以谦处事；执行公务，恪尽职守，遇到危难，九死未悔；不诽谤国君，不隐瞒观点；国君有过，直谏不疑；国君有忧，勇于承担。如此，则吏风清明，国家繁荣。

围绕整肃吏治，管仲采取了不少措施。首先，注重提高官吏的工作效率，特别是在反映民情民意上，要求迅速解决，决不允许扣押或者拖延不办，否则官吏就要受到严厉的惩罚。管仲主张，凡是平民要到乡里去陈诉事实的，官吏不准他们前往，扣押超过七天，官吏就要受到囚禁。士要与上面交往，官吏不准他们前往，扣押超过五天，官吏就要受到囚禁。贵族子弟要与上面交往，官吏不准他们前往，扣押超过两天，官吏就要受到囚禁。

其次，管子主张建立严格的官吏考核制度，由鲍叔负责对各级官吏的考核。对于那些劝勉国事无功而有过的，从政没有政绩缺乏能力的，原野荒废、办案骄横轻慢的，这三种官吏要严加惩处，决不姑息。在定期考核的同时，建立督导、儆戒制度，宫廷对官吏、上级对下级，层层督导，严加儆戒，使那些平庸者受到鞭策甚至丢官。

再次，坚持以法治吏与民众监督相结合，广开言路，鼓励民众畅所欲言，发表意见，以补为政之失。管仲通过这些行之有效的措施，整肃吏治，形成了奉公守法、清廉自律的官吏队伍，这对于富国强兵发挥了重要作用。

第
六
章

管仲的经济思想

一、以农为本

农业是中国古代社会占绝对支配地位的核心产业，因而只要保证了农业生产的稳定，保证了农民的生产积极性，就基本上可以做到国富民足了。当然，管仲心目中的农业是泛指农、林、牧、渔，而非狭义的"农业"。这些都是社会财富的主要来源。

管仲认为土地和劳动是获取社会财富的基本要素。《管子·问》篇说："力地而动于时，则国富矣。"就是说，按照农时季节辛勤耕耘，就会产生财富，国家就会富强。《管子·八观》说："民非谷不食，谷非地不生，地非民不动，民非力毋以致财。"《管子·水地》篇说："地者，万物之本原，诸生之根菀也。"可见，管仲将土地看作最重要的生产资料，是财富的基础。在《管子·乘马》篇中，管仲还将土地看作政事之本，说："地者政事之本也，是故地可以正政也。地不平均和调，则政不可正也。政不正，则事不可理也。"这里所说的"地者政之本"，并不是说作为自然资源的土地本身可以左右政事、具有根本性作用，而是意在阐明，在合理分配土地、正确使用土地，以使土地最大限度地为国家带来财富这层意义上，才具有"政之本"的作用。因此，有了土地这个基础，通过劳动者按照农作物生长的四时季节辛勤劳作，财富便会源源而来。为了调动广大农民的生产积极性，就必须相应地制定按照土地肥瘠程度征收赋税的政策，使耕种不同土地的农民都有收成，都有收入和生活来源，这样才能保证广大农民尽心尽力地按时耕作，获取丰收。

发展农业，还要很好地解决水的问题。水是农业的命脉。中国是一个农业大国，也是一个水患频发的国度。齐国位于黄河下游，滔滔黄河横穿国中，奔流入海。除黄河之外，在齐国这片肥沃的土地上，还有济水、淄水等河流。这些大河为齐国的农业生产提供了丰富的水源。同时，因齐国地势低洼，黄河泥沙淤积致使河床增高，导致河水在雨季冲决河堤，造成水患，使百姓无家可归。所以齐国发展农业生产的首要任务就是治理水患。治水首先必须有一个严密的组织和强有力的队伍。朝廷以司空为治水的最高行政长官，全面负责全国的抗旱、排涝、修渠、筑坝等事务。做到即使有水患发生，也不影响农业生产；即使旱灾频发，也不影响农业收成。司空之下，设立大夫、大夫佐各一人，领导指挥校长、官佐和各类徒隶。在具体事情上还要挑选水工头领，勘察巡视水旱形势，安排水利工程的修缮事宜。挑选治水队伍是在每年秋后普查工作的基础上进行的。秋收结束后，官府进行土地、人口、户籍的普查，统计男女老幼的人数，对于那些不能参加治水劳动的，免除劳役；久病不能服役的，按病人处理；年幼体弱的，按半劳力处理。这样便组成了一支强有力的治水队伍，保证了治水工作的顺利进行，从而确保了农业生产尤其是粮食的丰收。

粮食生产只是农业生产、增加社会财富的一个方面，要确保人民富裕，还必须发展多种经营，所以《管子》的《牧民》《五辅》《立政》等篇都论述了"养桑麻，育六畜"的必要性。这样，搞好粮食生产，百姓就不会饿肚子；广种桑麻，多养六畜，百姓就会富裕起来。春秋初期，随着大片荒地不断得到开发，山林湖泽逐渐得到利用，林牧渔业也逐渐地发展起来。管仲敏锐地注意到这种变化，于是将多种经营纳入自己的治国方略。他算了一笔账，证明种植瓜果蔬菜的重要性：假如一种粮食没有收成，就会缺少一种粮食，粮价就会上涨 10 倍；两种粮食没有收成，粮价就会上涨 20 倍。遇到这样的年景，国家就应该提倡以瓜果蔬菜来弥补粮食的欠缺。不仅如此，瓜果蔬菜还可以使人民的生活逐渐地富裕起来。他说，老百姓要填饱肚子，每人需要 30 亩地，一亩地出一石，共出 30 石粮食，糠麸畜产相当 10 石粮食，则每人拥有 40 石粮食。再加上布帛丝麻和其他副业收入，只要百姓手中有余粮，自然就会去换钱，日子就会富裕起来。

作为一位有远见的政治家，管仲的治国思路与胸怀都是十分开阔的。无论是发展农业、兴修水利、种植桑麻还是发展畜牧业，都是为了满足人民的物质生活需要。抓住了这一点，就抓住了巩固政权、富国强兵的关键。这样，齐国离摆脱贫弱、走向富强、称霸天下的目标就不远了。

二、取民有度

管仲辅佐齐桓公的目的是使齐国成为中原霸主。为了达到这一目的，就必须使齐国拥有强大的军事力量和支持这一军事力量的雄厚物质基础。这种物质基础自然需要百姓提供。但是，管仲的高明之处在于，他不主张对百姓进行竭泽而渔式的索取，他明白那样做无异于自杀。为了保证财源，除了不断地开辟新的财源之外，对于百姓要有节制地索取，这就是我们前面所讲到的取之有度，即先满足百姓的基本生活需要，使百姓富足起来，再向百姓索取。这就是他所讲的"予之为取，政之宝也"。

所谓"予"，其实就是统治者在政治、经济上对百姓采取宽惠的政策；"取"，则是获得百姓的部分劳动成果与支持，以期达到富国强兵、政治上称霸的目的。怎样才能做到"予之为取"呢？首先要了解民情，并使"令顺民心"。管仲从分析百姓的心理入手，认为百姓的普遍心理是：恶忧劳、恶贫贱、恶危坠、恶灭绝。因此，为政者要顺应民心，就应该想办法使他们佚乐之、富贵之、存安之、生育之。只有这样，国家才能巩固，社会才能稳定，百姓才能安居乐业。所以，《管子·国蓄》篇更直截了当地说："民予则喜，夺则怒，民情皆然。"百姓对于给予他们什么总是高兴的，而对于夺取他们什么总是不满的。可见，管仲对人性的观察与分析是十分深刻的。

人首先是自然的动物，人要穿衣吃饭，要生存，还要繁衍子孙，这是人的自然本能。当然，人也是社会的动物，人除了生存的本能需要之外，总是生活在一定的社会关系之中，尚有精神与情感的需要。在社会关系当中，吃饭穿衣、繁衍子孙就不是一件简单的事情了。在大自然面前，在自然灾害面前，人们还是那样渺小，还是那样无能为力。旱也好，涝也罢，灾害不断，粮食就会歉收，生存就会受到挑战。在有限的物质面前，统治者总是千方百计地巧取豪夺，那么劳动者所剩余的就十分可怜了。

一般来说，面对统治者的巧取豪夺，百姓只有敢怒而不敢言的份儿。但是，为了生存，为了生儿育女，繁衍后代，百姓的忍耐也是有限度的。一旦他们最基本的生存权利都得不到保障、繁衍后代的基本要求都无法实现，那么他们自然会为了生存铤而走险，起来造反了。这样，国家就会走上亡国灭种的道路。为此，管仲否定只取不予的做法，认为这会引起百姓各种形式的抵制与反抗。这样就带来一个矛盾：一方面，滥取于民，人民会起来反抗，危及社会稳定与国家生存；另一方面，国家必须取于民才能获得和增加财政收入，否则国家没有足够的粮食、武器、车马，又怎么能够保家卫国、称王天下呢？为了解决这一矛盾，应处理好"取"与"予"之间的关系。管仲强调指出，应该特别讲求"取"的方式方法，做到"见予之形，不见夺之理"。用今天的话来说，就是给百姓好处要给在明处，取百姓的财富要在暗地里进行。具体而言，可以通过以下几种途径。

一是寓税于价，通过商品交换的形式进行"取"和"予"。因为商品交换总是要为所取得的商品付出代价的，这种"取"总是会"见予之形"。但是，商品交换不可能只予不取，而且，商品交换的任何一方总是希望取大于予；商人从交换中取得利润，取大于予是商人生存的前提。

怎样才能使这种"取"让人看不出来呢？管仲认为，要善于利用商品价格的变化或几种商品比价的变化，从中取利。例如，国家可以通过价格手段调节粮食需求平衡控制物价，从而达到控制国力平衡，保证国家财政收入的目的。粮食是百姓与国家的生存之本，但粮食的价格在丰年与歉年、春季与秋季是有差别的。管仲主张在秋季和丰年粮食价格趋低之时，国营商业以比市场较高的价格买进粮食；在歉年与春季粮价趋高时以比市场稍低的价格卖出粮食。在这一进一出中，国家就会获得很大的赢利。但由于这两次交易是分两个时期进行的，单独对每一次交易来看，农民看不出是"取"，而是认为对自己有利（市场价低时国家高价收购，市场价高时国家低价销售），是"予"了自己。

此外，在农事繁忙、急需物资的季节，国家为百姓提供各种物资，包括种子、贷款，帮助百姓从事农业生产；等到秋后粮食上市，货多价低，国家再将贷款、物资折成时价收回粮食，国家无形中又赚了一大笔。当然，在利用不同商品的比价变化方面，管仲又提出了"谷贱则以币予食，布帛贱则以币予衣"的主张。意思是：粮价低贱时，国有商业用货币收买粮食；布帛价低时，则用货币收购布帛等衣料。这样，国有商业既可利用廉价大批赚钱，又可使生产者按比较稳定的价格卖出自己的商品，防止私商进一步压价收买，使生产者感到国家"予"了自己。

二是通过放贷与预购从中获取利润。放贷指国家向百姓出贷钱、粮、物以取息；预购是指国家在农民缺钱时以低价向百姓订购农副产品，购价与市价之差相当于贷款的利息，所以预购也包括放贷取息的意义。放贷与预购都缓解了接受放贷、预购者的燃眉之急，表面上是"予"，但实际上国家从中获得了大量的利益，是"取"。

三是实行盐铁专卖，提高盐铁价格，从中获得利益。管仲的"予之为取"具有重要的意义，这表明管仲将老百姓的利益始终放在十分突出的地位。他认为国君富有并不算真正的富有，只有百姓都富裕起来国家才能真正富强。国家与君主要赢得百姓的欢心，没有比给他们利益更好的了；给人以利益，没有比政府给百姓以优惠政策更好的了。所谓"以民为本"，关键是要让老百姓得到多方面的实惠。老百姓与国家是鱼水相依的关系，民富是国富的基础，只有上下一致，同心协力，才能实现称王称霸的目的。其次，"予之为取"的做法，标志着统治智慧的极大提高。

无论是君主还是百姓，谁都不喜欢强拿硬夺，"民予则喜，夺则怒，民情皆然"。通过"见予之形，不见夺之理"的方式，尽管也从百姓手中夺取了大量的物质财富，但是不声不响，表面看起来顺理成章，不会引起百姓的愤怒。这不能不说是统治术的极大提升，怪不得历代的统治者都称赞这一办法是"治国之宝"。

三、宏观调控

管仲认为，社会上存在着利益冲突，国家只有进行调节才能使社会经济有秩序地发展。因此，国家必须依靠政权的力量，运用强制性的政令、法令等手段，禁止某些商品的买卖，或者下达指令性任务，强迫豪强巨贾出售或者购买某种商品，从而控制与影响市场上的供求关系，以达到调控经济，使之持续、平衡发展的目的。那就是国家根据市场情况，通过商品的敛散吞吐，调节供求关系，控制商品流通。具体的操作要求是"敛积之以轻，散行之以重""以重射轻，以贱泄平"。也就是说，市场上某种商品供大于求时，这种商品的价格就会下跌，这时国家为了防止富商大贾乘机操纵市场，就必须适当提高价格并大量收购，使价格保持在比较合理的幅度之内；当某种商品供不应求时，其价格自然会上涨，商贾就会乘机囤积居奇，以牟取暴利，这时国家就应该将过去收购的商品以低于市场价的价格大量抛出。不但打击了不法商人的投机活动，平抑了物价，而且国家还会在收购和抛售商品过程中获得巨大的利润。国家的经济调控职能主要体现在两个方面。

首先，国家需要调节社会不同集团之间的经济利益，使彼此的利益冲突保持在"秩序"的范围之内。管仲明确指出:"民富不刊以禄使也,贫则不可以威罚也。"意思是说,百姓中很富有的人不会把国家的一点赏赐看在眼里,不肯为得到俸禄、赏赐而为国家出力效命。反之,过于贫穷而无法生活下去的人,则会为生计所迫铤而走险,干出违犯国家法律的事来。对这些贫民,国家的刑法是不容易起到禁止作用的。可见,太富与太贫的人存在,都会造成社会不安定,动摇国家的统治。法令之所以不能贯彻,万民之所以难于治理,其根源就在于贫富不均。因此,为了使赏赐和刑法真正起作用,就需要国家进行必要的经济调节,防止贫富悬殊,使百姓不太富,也不能太贫。

为什么只有通过国家的干涉才能得以调节呢?这是因为,趋利避害是人之常情。富商大贾绝不会自动地将利益让出去,这就需要国家依靠法令与政策进行强制性剥夺,或者借助于经济手段进行调节,以达到散发囤积的粮食,调剂多余和不足,分散所聚藏的货币的目的。发挥调节社会不同集团利益关系的职能,是经济发展和实现社会稳定对国家提出的基本要求。这一点古今中外概莫能外。在推进社会主义市场经济的今天,随着我国地区发展不平衡的加剧以及社会财富分配不均的日益严重,国家如何调节地区之间、社会集团之间的利益,已成为一个十分迫切的现实问题,管仲的论述至今仍有借鉴意义。

其次,国家需要调节个人和个别集团与国家之间的利益矛盾,以维护由国家所代表的"共同利益"。管仲一方面主张国家要崇尚功利，关心人民的物质利益；另一方面又主张按照一定的道德标准对经济现象和经济行为加以规范，对人们的私利加以约束。他认为国家要操纵予、夺、贫、富的权力，把一切经济利益之源控制在自己手中，实行国家垄断，做到"予之在君，夺之在君，贫之在君，富之在君"。在管仲看来，国家既是经济关系的调节器，同时也是社会关系的调节器。如果君主不设法调节民间的财富，让百姓无节制地追求个人私利，那么国家就会贫穷，不能实现天下大治。

管仲主张国家要通过"轻重之数"，也就是懂得遵循市场运行规律，作为商品生产者和商品流通活动的直接担当者进入市场，按照商品交往的原则同私人工商业者往来，在竞争中控制、排挤私人工商业者，特别是那些同国有工商业者争夺市场控制权的"富商大贾"，夺取他们的一部分利润。同时，管仲又不主张国有工商业完全依靠经济手段同私人工商业展开平等竞争，而是要"藉于号令"，充分利用各种机会，采取各种方式以国家权力支持国有工商业，压制、排挤私人工商业，帮助国有工商业取得和保持垄断地位。

管仲认为，国家政令的缓急可以造成市场物价的剧烈波动，例如，君主要民间用货币缴纳税金，如果下令十天之内交齐，物价就会下降十分之一；下令八天之内交齐，物价就会下降十分之三；下令五天之内交齐，物价就会下降一半；限一天之内交齐，物价就会下降十分之九。因此，国家可以通过政令获得收入。政令紧急，促使市场物价下跌，国有商业乘机廉价收购商品，等到市场恢复常态后再待价抛售，就可从中牟取巨大利润。

《管子·臣乘马》说，虞国国君为备战而需要购置兵器，因为国家财政困难，由国有商业企业按市场价格从私人手工业者手中购买兵器财力不逮。于是虞国国君想了一个办法：春天农民备耕资金不足时，由国家贷款给农民；秋收以后，五谷登场，谷价大跌时，国家对农民说，你们所借的钱现在就用粮食偿还。

这样，国家廉价获得全国半数的粮食，市场粮食供应因此少了，粮价随之上扬。于是，国家命令全国各地的手工业者都置备兵器，国家又对手工业者说，现在国家缺少货币，只能以粮食代替货币作为支付手段。这样，国家用廉价获得的粮食换得了手工业者的兵器，从而使国家从中获得了暴利。

四、刺激消费

在中国消费史上，可以说先秦名著《管子》是最具特色的了。它一方面崇尚节俭，主张开源节流；另一方面，在特殊的情况下，又主张奢靡消费，第一次将奢靡消费理念展现于中国的思想家们面前，以至于被视为中国传统崇俭消费观的异端。这看似矛盾的消费理念，正表现了《管子》通达权变的谋略智慧与善于变革的精神。

崇尚节俭，反对奢侈，是《管子》的基本消费观。《管子》

中提出，从消费的基本原则来说，国虽富，但俭而不奢，这是正天下之本。从日常消费要求来说，应一切用度以"足"为准，坚持以节俭为治国之道。从消费引导来说，要崇尚节俭，反对奢侈，这是从政的当务之急；凡不明白这一道理的，不能使他管理国事。《管子·禁藏》篇认为，对统治者来说，带头节俭，在百姓中树立简朴的形象，就会受到百姓的拥戴，其统治地位就会得到巩固。否则，不管百姓的温饱，骄奢淫逸，不但会导致社会风气的败坏，甚至关系着国家的兴衰存亡。

《管子·八观》篇分析了"侈国之俗"，进一步强调了节俭禁奢的重要性，并将其作为"为国之急"。认为君主没有积贮而宫殿房屋华美，百姓没有积贮而衣着服饰讲究，乘坐车子的人讲究装饰的派头，步行的人讲究衣着的华丽，生活用品少而奢侈品多，这是奢侈国家的习俗。国家奢侈，费用就多；费用多，百姓就贫困；百姓贫困，奸诈的念头就随之产生，邪恶虚伪的行为就随之而出现。贫困的产生是由于奢侈，因此，禁止奢侈浪费是国家的急务。当然，管仲并非主张越节俭越好，而是主张适度消费，侈不离度，俭不伤礼。它从封建礼制方面规定了天子、将军、大夫、百工商贾、刑余戮民的消费标准。从中可以看出，崇尚节俭在其治国方略中占有重要的地位。

管仲和先秦诸子在消费理念上的最大区别就在于主张侈靡消费。当然，侈靡并不是绝对地主张奢侈消费，而是一种政策和策略，是一种特殊的理财之术。侈靡消费是因时制宜的，是根据现实社会中出现的贫富失度这一情况而制订的计策。侈靡消费具有以下作用：

一是扩大消费是人们的内在要求，是调动劳动积极性的重要手段。《管子·侈靡》篇认为，饮食是百姓的欲求，侈乐是百姓的愿望，满足他们的欲求和愿望才能使用他们。如果只给百姓穿兽皮、戴兽角、吃野草、饮生水，谁能使用他们呢？提高生活水平是人们的基本愿望，如果长期处于极端低下的生活状况，就会挫伤人们生产的积极性，制约国家的发展，所以要提倡提高消费水平。

二是扩大消费可以促进生产。管仲认识到生产决定消费，同时，消费可以促进生产。正是由于消费对生产的促进作用，管仲主张当社会财富有相当的积蓄时，为了进一步生产的需要，要鼓励侈靡消费。《管子·侈靡》篇说："不侈，本事不得立。"他认为扩大消费，可以刺激与促进商品流通，从而推动农业以及其他行业的发展。管仲第一次阐述了消费、市场流通和生产三者之间相互依存、相互促进的内在联系，揭示了消费对于开拓市场、发展生产的重要作用。

三是侈靡消费也是经济调控的一种重要手段。《管子·侈靡》篇说："夺余满，补不足，以通政事，以赡民常。"意思是说，财富有多有寡，民众有贫有富，富者侈靡消费，就不会积滞财产，而财产通过侈靡消费形成散财，从而使民众的日常所用得到满足，实现"夺余满，补不足"的目的。这一理论将侈靡消费限于富者范围，从一时来看，对夺有余、补不足会起到一定的调节作用。但社会是复杂的，富者散财之前必然会大量敛财，尤其是统治者会进一步加剧搜刮民脂民膏，因此，这一理论具有明显的局限性。

四是侈靡消费可以扩大劳动就业的机会。管仲认为当国家出现自然灾害而民失其本的时候，鼓励富者侈靡消费就会增加贫者的劳动就业机会，使贫者有工可做，有饭可吃，从而达到安居乐业。此外，侈靡消费可以使社会财富不会过多地集中在一小部分富人手中，使贫民有活干、有饭吃。贫民起码的生活条件有了保障，就不会因为天灾无食而背井离乡，流离失所，也就不会铤而走险去犯上作乱了。因此，在特殊情况下，侈靡消费有利于稳定社会秩序，维护统治者的统治地位。

管仲认识到了扩大消费可以拉动社会需求、增加就业机会的经济规律，但同时也应该看到，侈靡消费的范围只能是"君臣""富者"，提倡侈靡消费的目的是"财不私藏"，增加贫民的劳动谋生机会。可见，这一理论的实质是避免竭泽而渔，力图使经济进入"良性循环"的状态。

第七章

管仲的法治思想

一、以法治国

管仲是先秦法家的代表人物。他认为，要统治好人民，就必须重视法治建设。《管子》将君主以法治国同工匠以规矩正方圆看成是同样的道理，书中说："巧者能生规矩，不以废规矩而正方圆，圣人能生法，不能废法而治。"所以，"倍（背）法而治，是废规矩而正方圆也"。

首先，实行法治有助于树立君主的绝对权威，达到至德至尊。《管子·正世》说："为人君者，莫贵于胜。所谓胜者，法立令行之谓胜。""凡君国之重器，莫重于令。令重则君尊，君尊则国安，令轻则君卑，君卑则国危。"君主立法行令可以约束群臣百官，使他们忠于职守，这样才能使君主居于至尊之位，更好地驱使群臣、控制百官。所以，《管子·正世》说："法立令行，故群臣奉法守职，百官有常。"有了法才可以使百官有所遵循，办事才有章程。只有实行法治才可以有效地制约权贵，强化君权。《管子·明法解》明确地指出：圣明君主，要求臣下尽力国事而以法守本分，所以臣下努力侍奉君主而不敢私顾他们的家；臣下君主的身份分明，上下的权位清楚，所以大臣各处在他们的职位上而不敢相互夸耀。如果国法废而私术行，君主就失去左右成了孤家寡人，臣子就成群结党组成派别。这样，君主的权势衰弱而臣子的权势强大，这就叫作动乱的国家。这就是说，只有以法治国才能使臣下守法安分，不敢以权谋私，从而树立君主的权威。

其次，实行法治可以使平民百姓安分守己，竭诚为国效力，也更有利于对百姓的统治。《管子·明法解》说，君主都希望百姓为他效力。要使百姓为君主效力，必须建立法制推行政令。所以治国使用民众没有比法制更好的了；禁止放荡，制止暴行，没有比刑法更有效的了。《管子·形势解》说，君主确立度量标准，公布分工职责，明确法度规则，用这些来统治百姓，而不是先乱发指示，这样百姓就会遵循正道。法律规定老百姓应该怎样做，不应该怎样做，让他们进退行止，唯法是从。如此，那么万民就敦厚诚实，返回务农而节俭勤劳。相反，如果国家缺少法度，百姓就不知哪些能做、哪些不能做，这样国家就会陷入一片混乱。《管子·法法》篇说："法立，令行，则民之用者众矣；法不立，令不行，则民之用者寡矣。"只有以法治国，才能有效地驱使民众为国效力，达到富国强兵的目的。

再次，以法治国可以除暴安民，稳定社会秩序，巩固君主的统治。《管子·正世》认为，法治不能实行，盗贼就不能得到有效的镇压；盗贼不能镇压，动乱就不会平息。以强凌弱，以众欺寡，这是天下的忧虑，万民的祸患；忧虑祸患不能解除，百姓就无法安居；百姓不能安居，那么天下就会对君主绝望。为了达到除暴安民的目的，必须实行法治。所谓"法禁不立，则奸邪繁""禁淫止暴，莫如刑"。此外，实行法治还可以使国家通过税收政策、盐铁专卖等法规来调节民众的利益，保护矿产资源，防止贫富悬殊，有效地预防社会动乱。

　　《管子》不仅强调法的重要作用，而且还从法律形式的三种类型上强调了法的规范意义。管仲认为，在上古蛮荒时代，为了平息纷争，辨别名分，法作为社会矛盾不可调和的产物就不可避免地出现了。社会中的那些圣贤制定出法令制度，法作为社会的最高准则是不能凭人的主观意志随意更改废止的。任何事情都需要用法来监督。因此，法必须具有客观性。当然，法作为全国都要执行的标准还必须具有规范性。任何人，在任何地方，干了违法犯罪的事情，都要予以追究。同样，社会中的尊卑名分、贵贱地位、是非曲直，都必须依据规范的法度来维护。此外，法还具有强制性。法令制度与道德不同，它是用强制性的手段来整饬社会秩序的，威慑暴行，制止纷争，法的主要手段和内容是刑法与诛杀。法是国君治国的法宝之一，君主正是靠法令与刑法才使那些不法分子不敢随便破坏社会秩序。法的内容一旦确定下来，它就具有公开性与公正性，是任何人都必须遵守奉行的，无论君臣，不分贵贱，都要自觉执行。法既然是人们都必须遵守的，因此它必然就有公开性，使任何人都必须知法才能做到守法。要想国家走向繁荣富强，就必须保持法的尊严。治国必须采用法律制度，这是不以人的意志为转移的。法的无情正如天地的无情一样，唯其无情才能保证国家与百姓的根本利益，才能使社会走向安定有序、富裕文明。

二、礼法并重

与儒、道、墨三家不同，法家极力反对以德治天下。商鞅认为，道德教化不仅不能治理天下、富国强兵，反而会导致国家势力的削弱，甚至会导致亡国的危险；韩非子也认为，仁义可以丧国，慈惠将会乱政。商鞅公开将儒家所提倡的仁、义、礼、智等道德要求讥讽为"六虱"，认为这些是对国家的六种危害而应该坚决消灭；韩非也将儒家看作"五蠹"之一，反对德治，提倡法治。商鞅主张"任其力不任其德"，韩非则主张"不务德而务法"。这些主张在当时都具有极大的进步意义和针对性，起到了巨大的历史推动作用。但从历史的长河中看，这些主张都不免具有一定的片面性，只有《管子》的礼法兼用主张才更适合历史发展的需要。

首先，《管子》从民本思想出发，认为立法行令，必须顺乎民心。《管子·牧民》说："顺民心则威令行。"意思是，立法行令只有合乎民心才能顺乎天意，这种法令也才能畅通无阻。《管子·形势解》说，法制确立，百姓高兴；命令发布，百姓奉行。法令符合民心，就像符节相互吻合，因而君主的尊严就得以实现。所以说百姓奉行命令是君主尊严的体现。君主推行法治，固然带有强制性，但是仅仅靠暴力及强制手段是不行的。只有合乎民心的法律，才能取得令行禁止的效果，从而树立君主的权威。

立法行令合乎民心的关键就是以民之好恶为出发点。《管子·形势解》认为，君主所以能做到令行禁止的原因，在于他的命令符合百姓所喜好的，而他的禁止也正符合百姓所厌恶的。百姓的性情无不乐生而恶死，好谋利而惧祸害。因而君主的命令有利于促进百姓的生存、谋利，就能推行；君主禁止的有利于防止百姓的死亡、祸害，就能实现。政令所以能推行，必然是百姓乐于君主的政治，所以君主立法必须考虑人民的承受能力。《管子·法法》说，君主对百姓有三种欲望，对于这三种欲望不加以节制，君主的地位就有危险。三种欲望是什么呢？一是求取，二是禁止，三是命令。求取过多，能得到的反而少；禁止过多，能停息的反而少；命令过多，能执行的反而少。所以说上面苛刻，下面就不听；下面不听，就用刑罚来强迫，那么做君主的就要遭到众人的谋算了。君主遭到众人的谋算，虽想安坐龙椅，那是绝对不可能的。如果法令超过了人民的承受能力，虽用严刑重罚，强制推行，也不会使人民顺从，反而会遭到人民的反抗，使统治者处于危险的境地。

其次，法令与礼义道德是相互补充、相辅相成的，二者缺一不可。《管子》虽然十分重视法治的作用，但并不以法、势、刑、罚排斥礼义道德，而是将礼义道德看作是可以与法、势、刑、罚互相补充、相互完善的。《管子·权修》说，君主见到合乎政令的就应该及时加以奖赏，见到不合乎政令的就应该及时加以处罚。君主见到的能赏罚分明，那么，即使他见不到的，人们还敢随心所欲吗？如果君主见到合乎政令的不及时奖赏，见到不合乎政令的不及时处罚，那么，要想让他所见不到的被感化，是不可能的。君主多向百姓施惠，百姓就亲近君主；君主说明是非礼义，百姓就能得到教化。君主以身作则进行示范，明确限制加以防范，设置乡师加以引导，然后再用法令进行约束，用奖赏加以勉励，用刑罚加以威慑，这样，百姓都会乐于实行政令。这明显是主张教育与惩罚相结合、恩德与威慑相补充，是典型的礼法兼重、德法并举。《管子·任法》说："群臣不用礼义教训则不祥，百官服事者离法而治则不祥。"这显然是说德法不可偏废，而是相辅相成、互相补充的。《管子·法禁》篇说："法制不议，则民不相私；刑杀毋赦，则民不偷于为善；爵禄毋假，则下不乱其上。三者藏于官则为法，施于国则成俗。"这里"三者"指的是"法制""刑杀""爵禄"，它们皆属于法的范畴。而"民不相私""不偷于为善""下不乱其上"三者属于礼义道德的范畴。它们相互联系、互相补充，二者缺一不可。严于法制，维护法制的权威，坚决按照法制办事，民众就不敢相互营私，这就是所谓"法制不议，则民不相私"。有过必罚，民众就不会为苟且之善，而是一贯为善，这就是所谓"刑杀毋赦，则民不偷于为善"。授爵赐禄与功德相当，臣民就不会反叛君主，这就是"爵禄毋假，则下不乱其上"。这三种因果关系，说明法可以维护与促进道德。"三者藏于官则为法，施于国则成俗"，就是说法的实施可以转化为习俗，但道德、习俗又具有依赖于法的一面。

　　再次，法制具有依赖于道德的一面，同时道德可以作用于法制。《管子·正世》说建立法制和推行政治措施的过程是：古代想匡正世道治理天下的人，必定先观察国家的政治，清理国家的事务，考察民间的风俗，探求国家安定或者动乱的根源，了解得失所在，然后才从事治理，因此法度可确立而治理可施行。这显然是将民俗作为建立法制、制定政治措施的参照物之一，这表明《管子》认为道德习俗对立法是有影响的。所以《管子·正世》又说，古代的所谓圣明君主，并非只有一位。他们设置的赏赐有薄有厚，他们确立的禁令有轻有重，做法不必相同，并非故意相反，都是随着时代的发展而变化，根据民间的风俗而变动。可见，他们认为，在法与俗之间，既有法施成俗的情况，也有依俗变法的情况，法与俗相互作用，相互转化，相互依存。

　　总之，《管子》之所以礼法兼重，德教并举，自然是为了维护其政治统治，在于使人们的行为有规则约束，服从专制统治。一方面，礼义道德可以用来区别尊卑、贵贱、长幼、上下等各种等级，要人们自觉遵守，不得逾越；另一方面，仅靠人们的自觉是不行的，还必须以法、势、刑、罚来维护君主的专制统治和国家机器的正常运转。因此，"安国在乎尊君，尊君在乎行令，行令在乎严罚"。必须承认，《管子》的这种思想，比儒家、道家和法家等其他诸子的观点更具有合理性、可行性和现实针对性。秦亡后，它逐渐占据了中国法文化的主导地位。

附　录

管仲年谱

约公元前 730 年，管仲生于颍上（今安徽颍上）。

公元前 708 年，管仲因家贫，做过马夫，做过小商贩。是年，与鲍叔相识，结拜为兄弟，携手经商。十多年中，他们走遍了中原各国。

公元前 698 年，齐僖公拜管仲、鲍叔分别为二公子纠和三公子小白的师傅。

公元前 698 年，齐襄公好勇喜功，连年征伐邻国，国内横征暴敛，民怨甚重。同年，鲁桓公与夫人文姜来到齐国，齐襄公与其胞妹文姜通奸，并杀死了鲁桓公。

公元前 692 年，齐襄公荒淫无道，天怒人怨。为避齐乱，管仲、召忽奉公子纠投奔鲁国，鲍叔奉公子小白投奔莒国。

公元前 686 年，公孙无知与连称、管至父内外勾结，杀齐襄公，取代君位。雍廪等人杀公子无知。齐国大乱。

公元前 685 年，高傒、国子拥立公子小白登上君位，是为齐桓公。鲁庄公为公子纠争位，齐、鲁战于乾时，鲁军大败。齐军乘胜夺取鲁国汶阳之地。

齐桓公在鲍叔劝谏下，决定任用管仲，于是，派鲍叔赴鲁国，鲍叔逼鲁庄公杀公子纠，召忽和管仲被遣返齐国。回到齐国后召忽殉主，管仲被拜为大夫。

公元前684年，齐桓公率兵伐鲁，在长勺与鲁军交战，被鲁将曹刿击败。齐桓公拜管仲为相国，支持管仲对内大胆进行改革，对外高举起尊王的旗帜，实施管仲的"称霸不用兵车"战略。

公元前681年，齐桓公采纳管仲之谋，与宋、陈、蔡、邾四国之君于北杏（今山东省东阿）会盟，齐桓公主盟，以平定宋国内乱。鲁国没参加北杏会盟，齐桓公率师讨伐鲁国，遂国开火了（今山东省肥城南）。鲁庄公与齐桓公盟于柯地（齐邑，今山东省肥城南），会盟时，鲁国司马曹刿以剑劫齐桓公，要求退还汶阳之地。齐桓公依照管仲的意见，答应退地。

公元前680年，柯地会盟使齐桓公名声大振，各国诸侯纷纷与齐结盟。至此，齐桓公真正认识到了称霸的本质，对管仲拥有了一种铭心刻骨的信任。同年，齐桓公与管仲率师会同陈、曹两国伐宋，因宋违背北杏之盟。伐宋途中遇卫人宁戚，管仲荐之于桓公，桓公拜宁戚为大夫。宁戚赴宋说服宋桓公求和。

公元前679年，齐桓公与卫、郑、宋、陈四国之君盟于鄄（今山东省鄄城北）。诸侯威服，齐桓公成为春秋首霸。

公元前678年，郑国违背鄄地之盟，齐桓公与宋、卫之师讨伐郑国。是年，齐、鲁、宋、卫、陈、郑等国于幽地会盟。

公元前667年，齐与鲁、宋、陈、郑四国盟于幽地。周惠王赐齐桓公为方伯。管仲审时度势，作出重大战略调整，变"尊王称霸"为"尊王攘夷"。

公元前666年，齐桓公奉周惠王之命，率师伐卫。

公元前664年，山戎侵犯燕国。齐桓公与管仲率师救燕，至冷支、孤竹，剿灭山戎。

公元前663年，齐师凯旋，齐桓公将伐由戎的战利品的一半赠予鲁庄公。

公元前662年，齐筑小谷（今山东东阿）为管仲采邑。鲁庄公为感谢齐桓公，为管仲在小谷筑城。

公元前661年，狄人侵犯邢国，齐桓公策划救邢，狄师得到情报，移兵卫国。

公元前660年，赤狄侵犯卫国。卫懿公被杀死在战场上，卫国都城失守，宁速前往齐国迎接公子毁回国为君，是为卫文公。齐桓公派公子无亏助卫戍守。

公元前659年，赤狄侵犯邢国，齐桓公与管仲同宋、曹两国联兵救邢，赤狄攻下都城，将财物珍宝抢夺一空，听说齐、宋、曹三国联军将至烧城而逃。齐国联合宋、曹两国为邢国在夷仪重新筑城，派军助邢戍守。

公元前658年，齐桓公诸侯为卫国筑新城。

公元前656年，齐桓公与管仲率齐、鲁、宋、陈、卫、郑、曹、许八国联兵讨伐蔡国，蔡侯闻风而逃，留下一座空城。继而以不尊周天之子罪讨伐楚国。楚请求讲和。诸侯与楚于召陵会盟。

公元前 655 年，齐桓公依照管仲之谋，与宋、鲁、陈、卫、许、郑、曹等国君会于首止，与周太子郑定盟，确立太子郑太子地位，以稳定周室。

公元前 651 年，周襄王派太宰赐周公孔齐桓公祭肉。齐桓公与宋、鲁、卫、郑、许、曹等国君会盟于葵丘，庆贺天子赐祭肉。

公元前 645 年，齐、宋、鲁、陈、卫、郑、曹诸君会盟于牡丘（今山东省聊城东北），商讨伐楚救徐之策。

同年，管仲卒。